H.-Georg Lützenkirchen

Orte

Rolandseck

Wetzlar

Laboe

Bibliografische Information der deutschen Nationalbibliothek.
Die Deutsche Nationalbibliothek verzeichnet diese Publikation
in der Deutschen Nationalbiografie, detaillierte bibliografische
Daten sind im Internet über http://www.dnb.de abrufbar.

Orte

Rolandseck – Wetzlar – Laboe

Orte

ist eine in unregelmäßiger Folge erscheinende
Reihe von
H.-Georg Lützenkirchen

bisher erschienen:
Auf dem Camino des Santiago. Ein Feuilleton

Fotos: ©hgl

Herstellung und Verlag:
BoD – Books on Demand, Norderstedt
ISBN 978-3-7347-3376-5

H.-Georg Lützenkirchen

Orte

Rolandseck

Wetzlar

Laboe

Inhalt

Rolandseck

Steigt man hier an einem sonnigen Sommertag aus dem Zug, meint man sich in ein Idyll versetzt. Zur einen Seite steigt in üppigem Grün der Hang steil an. Die Bahnstrecke ist eng an den Hang gepresst. Folgt dem natürlichen Verlauf des Tals, das hier wenig Raum findet zwischen Hang und Fluss. Der glänzt von der anderen Seite breit herüber. Ich blicke dem Gleisverlauf in Richtung Norden nach. Es flirrt über den Gleisen die heiße Luft, aus der sich in kleiner Entfernung der Rolandsbogen erhebt. Kulturlandschaft. Die Helligkeit blendet mich einen Moment, bevor die gusseisernen schlanken Säulen, der Bahnhofsvorhalle, die harte Schatten werfen, einen Eindruck südländischer Eleganz vermitteln. Die sonnendurchtränkte Galerie vor dem Bahnhofsgebäude, geprägt von diesen Säulen, versetzt mich völlig in ein unerwartetes Arkadien. Bahnhof Rolandseck!

Mitte des 19. Jahrhunderts war Rolandseck ein bei betuchten Bürgern sehr beliebtes Ausflugsziel. Zugaben der Rheinromantik waren hier zuhauf zu finden: der grandios-großzügige Blick über den Rhein hinüber zum Siebengebirge mit dem nahen Drachenfels, die Insel Nonnenwerth, nah bei der Rolandsbogen, letzter Rest der einstigen Burg Rolandseck, die im 12. Jahrhundert vom Kölner Erzbischof errichtet worden war. Die Burg stürzte infolge eines Erdbebens 1676 den Hang hinab, nur ein Fenster, eben der Bogen, blieb stehen - bis 1839. Da tobte ein Unwetter durchs Rheintal und ihm fiel nun auch der Bogen zum Opfer.

*

Es war der Dichter Ferdinand von Freiligrath, der eine populäre Spendenaktion zum Wiederaufbau des Bogens in Gang setzte. 1840 stand er wieder und der Rolandsbogen wurde sogleich zu einem der prägenden Signalorte, an der sich die nun beginnende große Zeit der Rheinromantik samt der dazugehörigen Legenden orientierte.

*

Dem Dichter dankte man's. Ich steige hinan zum Rolandsbogen auf wegs zum Dichterdenkmal. Von der viel befahrenen B 9 kommend, betrete ich eine hier, gleich neben dem Rolandshof mündende schmale Straße, die waldwärts sich zum Fußweg verengt. Ein altes, aus den Wirtschaftswunderjahren der automobilen Aufrüstung der Bundesrepublik stammendes Schild steht hier noch an der Ausfahrt zur Straße und warnt vor der Gefahrstelle „Hauptverkehrsstraße". Seit den 1950er Jahren herrscht sie, die B 9, mit eigenem Gesetz hier über das enge Terrain zwischen waldigem Hang und Rheinufer. Ich wende ihr den Rücken zu, verschwinde im grünem Hohlweg und nach knapp der Hälfte des Weges gelange ich auf eine kleine Waldlichtung. Hier steht das Freiligrath-Denkmal. Im Juni 1914, wenige Wochen vor Ausbruch des Ersten Weltkrieges, wurde es eingeweiht und bis heute strahlt es eine gediegen-vaterländische Würde aus – bis in die Züge der fein gestaltet auf einem Sockel ruhenden Bronzebüste des Dichters. Aus anderer Zeit stammt eine Tafel, die aus gegebenem Anlass den vaterländischen Zusammenhang aufgreift und an den Dichter als Urheber des emanzipatorischen Protestrufs von 1989 erinnert: „Wir sind das Volk!" stammt aus seinem Gedicht „Trotz alledem!":

„Wir sind das Volk, die Menschheit wir, / Sind ewig drum, trotz alledem."

Karl Marx druckte das Gedicht in der „Neuen Rheinischen Zeitung". Ich lobe diesen Hinweis hier an Freiligraths Denkmal, eingedenk dessen, dass das Volk endgültig wiedervereinigungsreif erst mit dem veränderten Slogan wurde: „Wir sind ein Volk."

*

Mit dem wiedererrichteten Rolandsbogen erfuhr die Rheinromantik einen neuen touristischen Schub. Hier war es auch die kühne Aneignung der Rolandslegende. Denn dieser Ritter Roland, ein Gefährte von Karl dem Großen während seiner Feldzüge im nördlichen Spanien gegen die Mauren, stammte, so will es die Sage, von hier. Von wo genau? Zu Karl des Großen Lebzeiten stand an dieser Stelle noch keine Burg. Egal, er, Roland, zog sowieso fort von hier: mit Karl dem Großen gegen die Mauren. Und tat seinem Herrn gute Dienste. Den letzten schließlich, und davon berichtet das im 11. Jahrhundert entstandene „Rolandslied", als er mit einigen wenigen ihm verbliebenen Getreuen die Nachhut bildete für seines Herrn Streitkräfte, die sich auf dem Rückzug von Kämpfen in der Gegend von Pamplona nach Frankreich durch das unwegsame Gebirge der Pyrenäen befanden. Die Nachhut geriet in einen Hinterhalt, wurde überfallen und es drohte akute Gefahr für Karl und seine Streitmacht. Doch tapfer hielt nun Roland aus, seinem Herrn so Zeit und Vorsprung zu verschaffen. Als schließlich die Übermacht dann doch zu gewaltig ist, Rolands Getreue längst getötet sind, bläst er noch ein letztes Mal in sein gewaltiges Horn, bevor auch er sein Leben lässt. Des Hornes durchdringende Todesmelodie hört der Kaiser, ist gewarnt... und gerettet. In Roncesvalles, dem Ort in den Pyrenäen, wo Roland seine Heldentat zum Ruhme der Christenheit mit dem Tode bezahlte, erinnert eine gewaltige Grabstätte an den Helden, Hierhin pilgern die Menschen, die sich auf den Jakobsweg begeben. Denn ihnen gilt Roland als großer Matamores, als Maurentöter, als Gefährte des Heiligen Jakobus.

*

Derweil aber Roland in fremder Umgebung zur Rettung der Christenheit mit seinem Herrn unterwegs war, trauerte am Rhein eine Frau – Hildegunde vom Drachenfels. Sie war die Braut des edlen Ritters. Jedoch was für eine Braut, deren Bräutigam weit weg war? Hildegunde ging ins Kloster auf der Insel Nonnenwerth, ihr Treuebeweis. Vom Kloster aus konnte man hinauf zur Burg, auf das Fenster, schauen. Täglich saß sie nun am Fenster ihrer Klosterzelle auf der Rheininsel und schaute sehnsuchtsvoll hinauf zum Burgfenster. Auf dass sie endlich dort das Licht erblickte, das die Rückkehr des Bräutigams anzeigen würde. Jedoch kein Licht erstrahlte, es blieb dunkel und die Dunkelheit breitete sich aus. Am Ende erreichte sie die ausharrend sehnende Hildegunde. Das Dunkel umgab sie für immer. Aber ihre Sehnsucht war ihr Liebesbeweis. Und daran denkt der, der heute durch den Bogen, der nach seiner letzten Renovierung 2011 sein üppig-romantisierendes Rankengrün verloren hat und nunmehr nur als nacktes steinernes Gebäude das Tal beherrscht, hinab auf die Insel Nonnenwerth schaut. Oder war es doch anders und ich hab was verwechselt? Schaute vielleicht der zurückgekehrte edle Ritter sehnend hinab aufs Kloster, wo seine Geliebte so nah und doch so fern verborgen war?

*

„Ich saß am grünen Strand von Rolandseck. Mir war / Als wandle drüben in der Mädchenschar / Auf Nonnenwerth noch immer Rolands Nonne" sinnierte noch 1912 Guillaume Appollinaire, um einen der Berühmten zu nennen, die zuhauf immer wieder nach Rolandseck gekommen waren. Es sei aber bewusst der Franzose zitiert. Denn steckt nicht eine gewisse Ironie

darin, dass ausgerechnet ein Franzose hier der treudeutsch romantischen Vereinnahmung des Helden Roland, dessen Lied erstmals in französischer Sprache gesungen wurde, seine Referenz erweist? Aber wie's auch die Engländer, die wahren Entdecker der Rheinromantik, schon gemerkt hatten: romantisch war es hier, jedoch deutsch nur in dem Maße, wie es der Romantik unabkömmlich war.

*

Die Zugreisenden kamen also hier am Bahnhof an. 1855 war die Strecke, die Köln und Bonn bis „an den Fuß des Siebengebirges" verlängern sollte, eröffnet worden. Nicht zuletzt hatten wohlhabende rheinische und Kölner Bürgerkreise auf diese Strecke gedrängt. Sie wünschten die direkte Verbindung in dieses Rheinidyll. 1858 wurde dann das Empfangsge-

15

bäude des Bahnhofs im repräsentativen klassizistischen Stil errichtet. Der Eisenbahningenieur und Geheime Ober-Baurat Emil Hermann Hartwich (1801 – 1879), beeinflusst vom Bauideal des klassizistischen Stils nach dem Vorbild des berühmten Schinkel, errichtete einen zweigeschossigen Bau, an den Seiten von zwei Eckbauten flankiert, deren flache Giebel den mittigen Hauptbau etwas überragen. Zwei umlaufende gusseiserne Aussichtsgalerien prägten den eleganten Charakter des Gebäudes. Heute ist nur noch die vordere, dem Rhein zugewandte Galerie erhalten. Die hintere, von wo aus man die ein- und ausfahrenden Dampflokomotiven bewundern sollte, um zu verstehen, wie sinnfällig Preußen einmal mehr die Moderne – die Eisenbahn – mit den alten Traditionen – der deutsche Rhein – zu verbinden wusste, sind später abgebaut worden.

*

Es sind heute nur noch wenige dieser repräsentativ-klassizistischen Bauwerke aus der ersten Generation der Bahnhofsbauten erhalten. Zumeist schon wurden sie bald nach ihrer Errichtung unpraktisch. So wie auch der älteste überhaupt in Deutschland noch erhaltene Bahnhof, der Bahnhof Belvedere in Köln. Jahrzehntelang wusste man gar nicht, welches Kleinod dieser Bau darstellte. Der Bahnhof wurde im Sommer 1839 eröffnet als Endhaltepunkt des ersten Teils der geplanten Strecke Köln-Aachen-Lüttich-Antwerpen. Dieses Bahnprojekt wurde von wirtschaftsliberalen Kreisen des Rheinlandes und Belgien gefördert. Mit dem „eisernen Rhein" verfolgte man ein Projekt zur Umgehung der niederländischen Zollschranken. Der Begriff stammte von einem der führenden Förderer des Eisenbahnbaus in jenen Jahren, dem Bankier und liberalen Politiker des Vormärz Ludolf Camphausen. Er sah in der Eisenbahn das Verkehrsmittel der Zukunft. Ja mehr noch: für ihn war sie der

„Hebel für die Beförderung materieller Wohl-
fahrt. [...] Der Fortschritt von gewöhnlichen
Straßen zu Eisenbahnen ist so riesengroß, dass
ein Land, welches sie besitzt, das Land welches
sie nicht besitzt, als auf einer niedrigeren Kul-
turstufe mit Recht betrachten mag",

wie er 1838 einmal schrieb.

1839, das Eisenbahnzeitalter in Deutschland war kaum angebrochen, stand der Bahnhof Belvedere am Endpunkt der Strecke Köln – Müngersdorf. Dieser Streckenabschnitt der Rheinischen Eisenbahngesellschaft war erst die

achte erbaute Strecke im Deutschen Reich –
und in der preußischen Rheinprovinz war sie
nach der im Jahr zuvor eingeweihten Strecke
Düsseldorf-Elberfeld der Düsseldorf-Elberfel-
der Eisenbahngesellschaft (später Bergisch-
Märkische Eisenbahngesellschaft) die zweite
Dampfeisenbahnstrecke. Das Gebäude erhielt
ein klassizistisches Aussehen. Es stand recht-
winklig zum Gleisverlauf, bot also dem Eisen-
bahnbetrieb nur eine kurze Seite. Die breite
repräsentative Schauseite war nach Köln aus-
gerichtet. Ein Aussichtsbalkon ermöglichte
einen weiten Blick auf die etwa 10 km entfernte Stadt. Tatsächlich war das Gebäude als Ausflugsziel geplant. Es gab eine Restauration. So
ermöglichte der Bahnhof, genauer muss man
sagen: das Eisenbahnempfangsgebäude, einer
neu entstehenden Mittelschicht, die freilich

(noch) nicht, wie die alte feudal-betuchte Großbürgerschicht, zur kurzweiligen Erholung über eigene Landhäuser verfügte, eben diesen Naherholungsausflug. Gerade so, als führe man hinaus zum eigenen Landhaus. Deshalb wurde 'schön' gebaut. Der Bahnhof war also noch nicht ein der effektiven Funktionserfüllung des Bahnbetriebs gewidmeter Zweckbau. Wahrscheinlich war das wohl auch ein Grund dafür, dass man den Kölner Bau schließlich vergaß. Als die Strecke nach Aachen verlängert wurde, verlor der Bahnhof Belvedere schnell seine Funktion. Noch im 19. Jahrhundert wurde der Halt aufgegeben und der 'Bahnhof' geschlossen. Die Gleise sind längst verlegt und heute kann kein Unwissender erkennen, dass hier einmal ein Bahnhof war. Aber das Gebäude zeugt davon.

Der knapp 20 Jahre jüngere Bahnhof Rolandseck ist bis heute in Betrieb. Auch deshalb,
weil an ihm bis heute niemand vorbei kann.
Für die Verbindung von Köln über Bonn hinaus
bis Rolandseck hatte die Cöln-Bonner-Eisen-
bahn, zu deren Förderern übrigens auch Ludolf Camphausen gehörte, eigens beim preußischen König um eine Sondergenehmigung
angehalten. 1854 hatte man sie erhalten. Kein
schlechter Schachzug: hier, wo die Strecke eng
sich ins schmale Tal zwängen muss, lag der
Bahnhof nah am Rhein. Eine ideale Umsteige-
station, konnte man doch ohne große Um-
stände in die Rheindampfschiffe umsteigen.
Zudem eine sichere Investition in die Zukunft:
denn würde einmal die Strecke bis Koblenz
verlängert, so gab es keinen anderen Weg als

über die Gleise, die zum Bahnhof Rolandseck führten.

An diesem Ort verband sich erneut der eisenbahnspezifische Zweck der Anlage mit dem repräsentativen Anliegen. Nach 'hinten' entwickelte sich der eigentliche Bahnhof, nach 'vorne' zum nahen Rhein hin beeindruckte der Bahnhof durch sein klassizistisches Ideal. Eine stilvolle Vornehmheit prägt das Gebäude bis heute. Dem kleinen Aussichtsbalkon, der den Bahnhof Belvedere schmückte, entsprechen hier auf der unteren und oberen Etage zwei ehemals vollständig das Gebäude umlaufende Galerien. Auch innen entfaltete der Bau repräsentative Pracht. Die inzwischen wieder rekonstruierten Stuckarbeiten der Decken vermitteln einen Eindruck. Der Bahnhof kam an. Er wurde im Verlauf des 19. Jahrhunderts zu einem Ort der bürgerlichen Repräsentation. Man hielt Sitzungen hier ab, feierte Feste, Studenten hielten ihre Festtafeln ab. Vor allem aber genoss man Kunst. Der berühmten Namen sind es von nun an viele, die hier zu Gast sein werden und gerne wird von den örtlichen Chronisten auch auf George Bernhard Shaw verwiesen. Der englische Dramatiker, so heißt es, „verlegte die Szene eines Theaterstücks hierher". Nicht ganz richtig: in seinem ersten Stück „Die Häuser des Herrn Sartorius" ist der Ort der Handlung im ersten Akt „Remagen am Rhein", ein „Hotel mit Gartenrestaurant". Das Personal, das sich dort „irgendwann in den 80er Jahren" des vorvergangenen Jahrhunderts versammelt, mutet zunächst an wie die typischen wohlhabenden englischen Touristen,

die in jenen Jahren so begeistert dem Rheintourismus frönten. Man war stilbewusst nicht
mit dem Zug, sondern mit dem Schiff ange-
reist. Dort habe man im Übrigen leider, so er-
fahren wir aus den Plaudereien der Gäste auf
der Gartenterrasse, wieder einmal die unange-
nehme Erfahrung mit den immer häufiger an-
zutreffenden Amerikanern machen müssen.
Mit ihren lauten ungehobelten Manieren seien
sie doch eine ziemliche Zumutung. Jedenfalls
für die Gesellschaft, die uns Shaw vorstellt: der
junge Mediziner Trench und sein Freund Wil-
liam de Burgh Cokane treffen hier im Hotel-
garten auf besagten Herrn Sartorius und seine
Tochter Blanche. Durchaus angeregt durchs
romantische Rheinreiseprogramm beginnt
Trench mit ihr eine zielgerichtete Flirterei. Man
kommt auf die Sehenswürdigkeiten in der

Umgebung zu sprechen und konsultiert den Baedeker. Der erwähnt „mit einem Stern" die Appollinariskirche in Remagen – sie sei nach dem berühmten Wasser benannt und nicht das Wasser nach ihr, scherzt einer – und würdigt den Architekten Ernst Friedrich Zwirner, der die Kirche im neugotischen Stil des 19. Jahrhunderts umgebaut hatte. Ah, der Erbauer des Doms, bemerkt Blanche und gibt so zu verstehen, dass sie des Dombaumeister Zwirners Beitrag für die Fertigstellung des Doms während seiner Amtszeit als Dombaumeister nur wenige Jahre zuvor kennt. Aber interessanter erscheine ihr doch – Rolandseck. Da wolle sie unbedingt hin: „Ist es dort nicht ebenso hübsch wie hier?" Wieder gibt der Baedeker schnelle Auskunft und man erfährt, dass Rolandseck einer der schönsten und meistbesuchten Orte am Rhein ist. Das hübsche Aussehen des beliebten Ortes, so erläutert der Baedeker, sei geprägt durch viele Villen, die hauptsächlich reichen Kaufleuten vom Niederrhein gehören. Gemeint sind die Sommervillen einiger wohlhabender rheinischer Unternehmens- und Bankiersfamilien, die dem Ort das Flair eines rheinischen Nizza zu geben vermochten. Dass die Villen an dieser Stelle im Stück erwähnt werden, darf man als eine schöne Shaw'sche Spitze verstehen: denn der wohlhabende Herr Sartorius, auf romantischer Rheinreise mit seinem gebildeten Töchterchen, so stellt sich im weiteren Verlauf des Stückes heraus, ist ein mieser Grundstücksspekulant. Und seine romantisch-bildungsinteressierte Tochter ist eine kühl kalkulierende Frau, die ihren Marktwert kennt. Die am romantischen

Rhein angebahnte Liebesgeschichte mit Trench ist am Ende ein Geschäft. Und der weiß auch: was wirklich zählt, ist der Profit!

*

Der jähen Desillusionierung des romantischen Rheinideals versucht die edle Kunstgesinnung vorzubeugen. Seit jeher war (und ist) die bürgerliche Kunstrepräsentation auch ein beruhigendes Refugium. Hier lässt sich's gut sein abseits der harten nach Profit strebenden Wirtschaftsrealität. Dieses Refugium lässt man sich etwas kosten. So entsteht der bürgerliche Kunstraum, sei es als Museum, Konzerthaus oder eben als Bahnhof Rolandseck. Zum „Weltbahnhof der Musen", wie ein lokaler Chronist einmal begeistert schrieb, wurde der Ort: *„Vor in Wogen der Musik schmachtenden Damen musizierte hier Franz Liszt,"* notiert der

Chronist weiter, „*Clara und Robert Schumann waren da, und ausnahmsweise einmal nicht Bitternis führte hier die Feder Friedrich Nietzsches, eher „Menschliches" als „Allzumenschliches". Die Großen kamen, sie gingen, in der Dichter Verherrlichungen für das Einmalige hatte Rolandseck und sein Bahnhof seine bleibenden Zeilen, bis dieser Bahnhof in unserem Jahrhundert, das so wenig Gefühl für Repräsentation besitzt, verödete. Statt hoher Herrschaften Berufsreisende...*"

*

Oh je. Aber stiegen 'Berufsreisende' überhaupt jemals in Rolandseck aus? Der Ort war Ziel von Genussreisenden. Sie kamen bereits vor der Errichtung des Bahnhofs, mit dem Schiff oder der Kutsche. Ihnen standen noble Herbergen zur Verfügung. Eine davon war das

Hotel Groyen in Rolandseck. Die ursprünglich aus Frankreich stammenden Hoteliersfamilie Groyen war bereits auf der anderen Rheinseite in Königswinter ansässig (das Hotel „Europäischer Hof", 1838 eröffnet und 1971 abgerissen ging auf eine Groyen'sche Gründung zurück). 1810 hatte Arnold Karl Cornelius Groyen einen hier schon lange bestehenden Rasthof gekauft und führte seitdem den „Gasthof zum Rolandseck". Mit dem anwachsenden Rheintourismus wuchs auch die Bedeutung des Hotels. Man setzte auf luxusgewohnte Klientel. Und seit Mitte des Jahrhunderts kam sie – unter ihnen auch einige gekrönte Häupter. Preußens Gloria, in Bonn unweit entfernt prominent vertreten, ließ sich nicht lumpen. Bis zu diesem Zeitpunkt gab es die Bahnverbindung noch gar nicht. Als beispielsweise im August

1832 der amerikanische Lederstrumpf-Autor James Fenimore Cooper hier ankommt, wovon er in seinen Tagebüchern berichtet, entsteigt er der Kutsche: *„Wir haben heute nachmittag unsere Kutsche an der Hauptstraße abgestellt und sind hierher gekommen, um die Nacht hier zu verbringen."* Die Kutsche hielt wohl unweit des Groyen'schen Gasthofs, den allerdings ließ der Reisende unbeachtet, ging stattdessen die wenigen Meter hinab zum Rheinufer und setzte über zur Insel Nonnenwerth: *„Wir sind jetzt auf einer Insel im Rhein auf halber Strecke zwischen Köln und Koblenz, in einem von Benediktiner-Nonnen verlassenen Konvent. Ich schreibe aus dem alten Refektorium, das jetzt Speiseraum für ein halbes Dutzend Fenimore Coopers ist, und habe den Drachenfels bei schwachem Mondlicht im Blick und eine Flasche Liebfrau-*

*

Tatsächlich war hier ein Hotel. Das Kloster, eine
Gründung des Siegburger Abtes Cuno aus den
20er Jahren des 12. Jahrhunderts war in Folge
der Säkularisation 1802 aufgelöst worden. Die
verbliebenen Nonnen erhielten ein Wohnrecht
bis zu ihrem Lebensende aber 1815 übernahm
der preußische Staat den Besitz. 1821 wurde
das Anwesen versteigert und der neue Besitzer
eröffnete einen Gasthof mit Pension. Der Betrieb lief nicht gut, trotz – oder gerade wegen
der imposanten Räumlichkeiten. Nicht nur die
50 Zimmer sondern auch die prunkvollen Fest-

säle des Ende des 18. Jahrhunderts von der damaligen Äbtissin komplett neu gestalteten Gebäudes mussten bespielt werden. Der Gastwirt gab auf und auf Betreiben der neuen Inselbesitzer, die den Gasthof zunächst noch weiterführten, übernahmen 1854 Franziskanerinnen die Gebäude. Wie es sich romantisch anfühlte in diesem Gasthof, davon berichtet James Fenimore Cooper anschaulich:

„Es ist erst zehn Jahre her, seit die letzten Nonnen, acht an der Zahl, die Insel verlassen haben, so dass alles noch ziemlich kirchlich aussieht. Um die Zufriedenheit vollständig zu machen, kann ich sagen, dass die Benediktiner ein strenger Orden waren. Ich trete vom Fenster zurück, denn ich habe unterhalb einen Schritt gehört und ein flackerndes Licht gesehen. Dies könnte die Seele der letzten Äbtissin gewesen

sein, die ohne Zweifel recht füllig war und einen festen Tritt hatte; vielleicht war es aber auch eine abtrünnige Nonne, die an den Wänden kratzte oder dagegen trat. Nun ja, es war nur ein altes Pferd, das über die freie grüne Wiese der Insel lief. ... Der Wind beginnt zu säuseln, wir werden ein Gewitter bekommen. Meine prophetische Ahnung stellt sich als richtig heraus. Es blitzt. Ich nehme die Kerze und gehe über die Flure. Eine Türe, die zur Galerie der Kapelle führt, steht offen. Ich gehe hinein. Hier finde ich, was ich suchte: Bilder von Heiligen, Kreuze, ein schwaches Licht, klappernde Fenster und Einsamkeit. Der gepolsterte Samtstuhl der Äbtissin steht am Geländer, ich setze mich. ... Es ist fast Mitternacht ..., alles außer der Natur schläft.

Donnerstag morgen. Eine friedliche Nacht und

ein frischer Morgen. Vögel singen unterhalb meines Fensters, der Rhein glitzert zwischen den Inseln, der Bogen von Rolandseck erhebt sich über einen nahen Berg und der Turm des Drachenfelses auf einem anderen Berg. ... Die Ausdehnung der Abtei ist 600 Fuß in die eine Richtung und ungefähr 300 Fuß in die andere. Das Kloster insgesamt hat einen Umfang von 600 Fuß und die Flure oben ebenfalls. Der ganze Komplex ist faszinierend für eine Nacht, wenn man Drachenfels und Rhein einbezieht. Die Liebfrauenmilch geht so, obwohl die Früchte für den Breitengrad ausgezeichnet sind."

*

Einige Jahre später verbringt Franz Liszt Sommermonate auf der Insel. Ein Aufenthalt, der in die Musikgeschichte einging. Auch solche Prominenz im Hause ließ das Geschäft nicht lohnend werden. Vielleicht hatte der Gasthofbetreiber sich auch mehr Zuspruch von den nahen Bonner Studenten versprochen. Man munkelte, dass er den Verbindungen Ort und Gelegenheit gab, ungestört ihre Mensuren auszufechten. Bestimmt spekulierte er auf das im Anschluss an derartige Kloppereien stattfindende Trinkgelage. Dafür zog man von Bonn aus gerne an den Rhein. Allerdings bevorzugten die Studenten zu diesem Zweck nun bereits immer öfter das Hotel an der Hauptstraße. So wie Nietzsche, der im Dezember 1864 in einem Brief an seine Schwester Elisabeth von so einem Verbindungsausflug mit 'seiner' Burschenschaft Franconia berichtet: *„Gestern war großer Commersabend mit dem feierlichen Landesvater und unendlichen Bowlenströmen ... Wir waren über 40 Mann zusam-*

men, die Kneipe war prächtig geschmückt ...
Die gestrige Gemüthlichkeit war eine herrliche,
erhebende. Weißt Du, an solchen Commers-
abenden herrscht ein allgemeiner Seelen-
schwung, da giebt es keine Biergemüthlichkeit.
Heute Mittag ist großer Auszug durch die
Hauptstraßen mit Paradeanzügen und fabel-
hafter Rennomage. Dann fahren wir mit Schiff
nach Rolandseck, dort ist großes Diner in Hotel
Croyen, und was weiter folgt, das steht im sub-
jektiven Belieben. ... Wir haben ein wunder-
schönes Wetter gehabt, der Auszug mit schöner
Husarenmusik machte großes Aufsehen, der
Rhein hatte die schönste blaue Farbe, wir hatten Wein mit auf das Dampfschiff genommen.
Wie wir nach Rolandseck kamen, wurden Böller
zu unserm Empfang gelöst. Wir tafelten nachher bis gegen 6 Uhr, waren ausnehmend ver-

gnügt und sangen viele selbstverfaßte unsinn-
reiche Lieder. Draußen war es Dämmrung geworden, der Mondschein lag auf dem Rhein
und beleuchtete die Gipfel des Siebengebirgs,
die aus dem bläulichen Nebel hervortraten.
Nach Tische saß ich mit Gaßmann, vielleicht
dem interessantesten Menschen der Frankonia
und Bierzeitungsredakteur und Kneipwart zusammen; wir blieben bei einem edlen Rhein-
wein, während die andern Champagnerbowlen
tranken. Die Gegend ist dort wirklich dreier
Ausrufezeichen werth, besonders die reizende
Insel Nonnenwörth, auf der ein Mädchenpen-
sionat ist; darüber ragt der Drachenfels, diese
mächtige steile Felswand. Der Ort macht den
Eindruck der tiefsten Ruhe. — Nachher bin ich
mit wenigen nach Bonn zurück gefahren, während die andern die Nacht dort geblieben sind

und wahrscheinlich heute morgen eine Spritze in das Siebengebirge machen."

Auch in Nietzsches brieflicher Schilderung an die Schwester fehlt nicht der Hinweis auf das prägende Moment der Natur: Rhein, Wein, Siebengebirge, ein typischer romantischer Dreiklang.

*

Solche festlichen Ausfahrten nach Rolandseck führten also zumeist ins Groyen'sche Hotel, wo man sich mit der Ausrichtung der festlichen Tafeln einen gewissen Ruf erarbeitet hatte. Ein ziemlicher Trubel, wie Nietzsche ihn an anderer Stelle - nun in pädagogischer Absicht - im ersten Vortrag „Über die Zukunft unserer Bildungsanstalten" beschreibt:

„Es war einer jener vollkommenen Tage, wie sie, in unserem Klima wenigstens, nur eben

diese Spätsommerzeit zu erzeugen vermag:
Himmel und Erde im Einklang ruhig neben einander hinströmend, wunderbar aus Sonnen-
wärme, Herbstfrische und blauer Unendlichkeit
gemischt. Wir bestiegen in dem buntesten
phantastischen Aufzuge, an dem sich, bei der
Trübsinnigkeit aller sonstigen Trachten, allein
noch der Student ergötzen darf, ein Dampfschiff, das zu unseren Ehren festlich bewimpelt
war, und pflanzten unsere Verbindungsfahnen
auf seinem Verdecke auf. Von beiden Ufern des
Rheines ertönte von Zeit zu Zeit ein Signal-
schuß, durch den, nach unserer Anordnung,
ebenso die Rheinanwohner als vor Allem unser
Wirth in Rolandseck über unser Herankommen
benachrichtigt wurde. Ich erzähle nun nichts
von dem lärmenden Einzüge, vom Landungs-
platze aus, durch den aufgeregt-neugierigen

Ort hindurch, ebenso wenig von den nicht für Jedermann verständlichen Freuden und Scherzen, die wir uns unter einander gestatteten; ich übergehe ein allmählich bewegter, ja wild werdendes Festessen und eine unglaubliche musikalische Produktion, an der sich, bald durch Einzelvorträge, bald durch Gesammtleistungen die ganze Tafelgesellschaft betheiligen mußte, und die ich, als musikalischer Berather unserer Verbindung, früher einzustudieren und jetzt zu dirigiren hatte. Während des etwas wüsten und immer schneller werdenden Finale hatte ich bereits meinem Freunde einen Wink gegeben, und unmittelbar nach dem geheulähnlichen Schlußaccord verschwanden wir Beide durch die Thüre: hinter uns klappte gewissermaßen ein brüllender Abgrund zu."

Und vor ihnen eröffnete sich die reine romantische Natur:

„Plötzlich erquickende, athemlose Naturstille. Die Schatten lagen schon etwas breiter, die Sonne glühte unbeweglich, aber schon niedergesenkt, und von den grünlichen glitzernden Wellen des Rheines her wehte ein leichter Hauch über unsere heißen Gesichter."

Hier ist der rechte Ort für die nun folgende pädagogische Belehrung, die sich aus der Begegnung der jungen unsteten Jugend mit dem weisen Philosophen, die im einzelnen nun an dieser Stelle nicht nacherzählt werden soll, ergibt. Eher interessiert uns das Ambiente:

„Am bewaldeten Abhang, seitwärts von unserem Schießplatz, gab es eine kleine baumfreie, zum Niedersitzen einladende Stelle, die einen Durchblick über Bäume und Gestrüpp hinweg nach dem Rheine zu gestattete, so daß gerade

*die schön gewundenen Linien des Siebenge-
birgs und vor Allem der Drachenfels den Hori-
zont gegen die Baumgruppen abgrenzten,
während den Mittelpunkt dieses gerundeten
Ausschnitts der glitzernde Rhein selbst, die Insel
Nonnenwörth im Arme haltend, bildete. Dies
war unsere, durch gemeinsame Träume und
Pläne geweihte Stätte, zu der wir uns in späte-
rer Abendstunde zurückziehn wollten, ja sogar
mußten, falls wir im Sinne unseres Gesetzes
den Tag beschließen mochten."*

Nun beginnt die pädagogische Läuterung...

*

In der Zwischenzeit war die Bahnstrecke von
Bonn aus fertiggestellt, der Bahnhof errichtet.
Rolandseck war jetzt für noch mehr Menschen
noch schneller erreichbar. Der bürgerliche
Ausflug war möglich geworden. Ihm aber

musste etwas geboten werden. So rückte der
Bahnhof zunehmend in den Mittelpunkt. Auch
in seinen prächtigen Räumen konnte man Feste feiern und Kultur erleben. So geschah's.
Und blieb so bis ins 20. Jahrhundert.

*

Am 21. Dezember 1955 berichtete darüber die
Wochenschau „Welt im Bild": in das ehemalige
Hotel Rolandseck zog die Sowjetunion und er-
richtete hier ihre Botschaft. Zehn Jahre nach
Ende des Krieges war dies möglich geworden.
Über ihren Botschafter in Paris hatte die Sow-
jetunion in einer Note an die Bundesregierung
Verhandlungen über die Aufnahme diplomati-
scher Beziehungen angeboten. Kanzler Ade-
nauer nahm das Angebot an. Er reiste in die
Sowjetunion. Zurück kam er mit der viel er-
sehnten Versicherung, dass nun auch die letz-

ten Kriegsgefangenen in den sowjetischen Lagern freigelassen würden. Dass demnächst zudem ein Botschafter der „Sssowjetz", wie Adenauer in rheinischer Schärfe zu betonen pflegte, in Bonn Residenz nehmen würde, war ein zunächst wenig beachtetes anderes Ergebnis der Moskaureise. Als es dann soweit war, fand man freilich in Bonn keine geeigneten Räume. Aber in Rolandseck! Dort hatten die Groyen-Erben ihr Hotel 1920 aufgegeben und verkaufen müssen. Trotz einiger Besitzerwechsel diente das Gebäude bis zum Kriege weiterhin als angesehenes Hotel. Erst der Krieg beendete dann endgültig die Hotelära. Das Haus wurde zwar vielfach genutzt, aber es gab keine dauerhafte Verwendung und so verfiel zunehmend die Substanz des Bauwerkes. Bis 1955 die Sowjets kamen: Valentin Falin, der langjährige Botschafter der Sowjetunion in Bonn schrieb in seinen Erinnerungen:

„Böse Zungen setzten die Unterbringung der sowjetischen Botschaft auf das Konto von Michail Senin. Unser erster Gesandter am Rhein habe, indem er aus den miserablen Angeboten das miserabelste wählte, besondere Wachsamkeit bewiesen, denn das wie eine Insel zwischen Eisenbahn und Verkehrsstraße platzierte Gebäude war vor illegalem Eindringen und Abhören geschützt."

Erst 1975 gaben die Sowjets das Gebäude wieder auf. Heute glänzt die Fassade wieder. Das Gebäude wurde umgebaut, Eigentumswohnungen in den oberen Etagen, derweil die untere Etage gewerblich genutzt wird. Unendlich ist der Lärm der auf der B 9 vorbei brausenden Autos und LKWs. Gerade ein parkplatzbreiter

Platz bleibt zwischen dem Haus und der Straße. Es sind nur wenige Meter zum Rhein, aber er scheint unerreichbar hinter der Straße. Kein Durchkommen. Man muss den Fußgängerüberweg an einer Bushaltestelle nutzen, um leidlich unbeschadet an die Rheinseite zu kommen. Die alten Treppenzugänge, über die man einstmals hinab ans Ufer kam, sind verwildert und überwuchert. Eine kleine Straße führt halbwegs sicheren Weges - Vorsicht Radfahrer! - zum Rhein hinunter, dorthin, wo die Fähre nach Nonnenwerth liegt. Sie freilich setzt nur angemeldete Besucher über. „Privatbesitz" erklärt der Fährführer hinter dem Steuer, sich aus dem Fenster der Fähre hinaus lehnend. Das Kloster beherbergt ein Gymnasium in der Trägerschaft des Bistums Trier, für welches die Franziskanerinnen ihren Dienst verrichten.

In diesen Zeiten nach 1945 war auch der Bahnhof Rolandseck dem Ende nah. Züge fuhren zwar wieder und hielten hier, doch die Deutsche Bundesbahn hatte wenig Sinn dafür, an einer vergleichsweise unbedeutenden Haltestelle einen solch bedeutsamen Bau unterhalten zu sollen. 1958 plante man den Abriss der „überdimensionierten Räume" und den Neubau eines kleinen zweckmäßigen Bahnhofs. Indes das Vorhaben verzögerte sich und so wurde rechtzeitig noch der junge Düsseldorfer Galerist und Kunstsammler Johannes Wasmuth auf den Bahnhof aufmerksam. Der hatte 1964 eine Galerie in Bad Godesberg eröffnet und suchte nach einem Ort für repräsentative Kunstereignisse – er fand den Bahnhof Rolandseck.

Wasmuth hatte gute Kontakte zu Prominenten, nicht nur Künstlern – heute würde man sagen, ein funktionierendes Netzwerk. Mittendrin die gemeinsam mit dem Pianisten Stefan Askenase und Yaltah Menuhin, der Schwester Yehudi Menuhins gegründete „arts and music GmbH", in deren Gremien beispielsweise die argentinische Pianistin Martha Argerich, der italienische Maler und Grafiker Antonio Calderara, der französische Cellist Pierre Fournier, der spätere Bundeswirtschaftsminister Hans Friderich, die kunstsinnige Henkel-Tochter Gabriele Henkel, der Maler Oskar Kokoschka, der Architekt und Brückenbauer Gerd Lohmer, der Maler und Filmkünstler Hans Richter, der Kunsthistoriker und erste Direktor der Kunstsammlung NRW Werner Schmalenbach oder

der vor allem durch seine 'Nagebilder' bekannt gewordene Künstler Gerd Uecker saßen.

Man muss diese Namen nennen, weil sie ein markantes Abbild einer neuen bourgeoisen durchaus kunstbedachten Schicht der noch jungen Bundesrepublik darstellen: selbstbewusst international, wohlhabend, die eigenen auch wirtschaftlichen Interessen im Blick, für die die Kunst sinnvoll zu bemühen sein kann – etwa in Form exklusiver Kunstereignisse. Dass dabei die Kunst zuweilen auf einen bürgerlich-repräsentativen Zweck reduziert wurde, kam den Interessen aller Beteiligten nur zugute: eben die Exklusivität des Kunstereignisses machte die Kunst zu einem teuren Gut, an dem schließlich alle verdienen konnten.

Nun, zuweilen entwickeln sich die Dinge in einem dialektischen Verhältnis: das eben noch ideologiekritisch betrachtete kunstsinnige Repräsentationsverständnis geht einher mit dem Bemühen um den Erhalt und Ausbau des Bahnhofs. Schuf also einen über die unmittelbaren materiellen Interessen der Beteiligten hinausgehenden immateriellen Mehrwert.

*

Selbst erfuhr ich diesen Effekt gesellschaftlichen Fortschritts. Er ist festgehalten auf einem Foto aus den frühen 1970er Jahren. Ein sonniger Tag am Rhein, zwei Jugendliche lehnen an einer Skulptur, im Hintergrund leuchtet der Rhein. Einer beiden Jugendlichen bin ich. Ob ich wusste, dass ich lässig hier an der Arp-Skulptur „Bewegtes Tanzgeschmeide" lehnte und zum Rhein hin blickte? Auf jeden Fall hielten die Eltern einen Halt mit uns damals hier an diesem Ort für reizvoll. Das Foto bestätigt

es. Ein zweites Foto, vom Rhein aus aufge-
nommen: die Skulptur, im Hintergrund der
Bahnhof. „Künstlerbahnhof" nannte man ihn
damals – und die Leute sprachen's ehrfurchts-
voll. Die Skulptur, die 1970 hier aufgestellt
worden war – es war ein Riesenereignis, dem
über 500 Gäste beiwohnten – galt seitdem als
eine Art Wahrzeichen des Künstlerbahnhofs.

*

Wasmuth veranstaltete Konzerte, Lesungen
und Ausstellungen in den beiden Etagen des
Bahnhofs. 1969 verfasste der Pantomime Mar-
cel Marceau – „Euer Diener Bip" unterschrieb
er seinen Appell – der ebenfalls zu Wasmuths
Netzwerk gehörte, ein euphorisches „Manifest
von Rolandseck":

*„Ich erging mich an den Ufern des Rheins, als
ich ein Gebäude sah, das verlassen schien.*

Plötzlich riß mich das Pfeifen einer Lokomotive in die Wirklichkeit zurück. Züge fuhren vorbei – blitzschnell durch diesen öden, verlassenen Tunnel. Vergangenheit und Gegenwart berührten zögernd einander, und langsam füllten Erinnerungen die Leere der Alltäglichkeit ... Der Bahnhof Rolandseck, wo Heine die Loreley besungen hat, wo Bismarck, Alexander von Humboldt, Liszt, Clara Schumann waren. Ach, wie fern liegen diese Zeiten! ... Mein Herz gehört der Gegenwart, und meine Träume gehören der Zukunft ... Ich wandle durch die Galerie, die Wände von Rolandseck sind voller Bilder; ich begegne hier Dichtern und Malern der Gegenwart und Zukunft. Hier, im Bahnhof Rolandseck, kommen Freunde aus aller Welt in brüderlicher Liebe zusammen. Hans Richter, Stefan Askenase, Pierre Fournier, Oskar Kokoschka,

*Salvadore Dali, Maurice André, Yaltah und Ye-
hudin Menuhin, Henry Szeryng. Fremde und
Freunde, wir brauchen Eure Verbundenheit und
Eure Hilfe für ein schönes „Univers à Rolandseck". Wir bitten Euch um Eure Hilfe, damit Rolandseck bestehen und uns alle aufnehmen
kann. Hier wird die Zauberwelt sich auftun, und
der Zauber wird in uns wach werden. Der
Bahnhof Rolandseck wird das Theater sein, in
dem sich alle Künste vereinen, um das Wun-
derbare zu schaffen".*

*

So viele Künstler, soviel öffentlich wirksame
Unterstützung, soviel Wunderbares, da wurde
auch die nahe Bonner Politik aufmerksam. Ein
Ausflug nach Rolandseck wurde für die wohl-
meinende Bonner (Polit)prominenz zu einem
besonderen Schmankerl, vor allem dann, wenn

man Gästen etwas bieten wollte. Ein wenig internationales Flair, ein wenig Hippie-Leichtigkeit – wir sind in den ausgehenden 1960er Jahren und Gabriele Henkel trug Super-Minimini – dazu das luftige Ambiente der Kunst in immer noch oder wieder schöner Umgebung, eine angenehme Verköstigung und immer die Gewissheit, dass hier keine unangenehmen Überraschungen durch allzu sehr politisierte Kunst zu gewärtigen waren. Ein Kunstort so recht nach dem Geschmack des damaligen Ministerpräsidenten in Rheinland-Pfalz, Helmut Kohl. Der setzte sich denn auch für die Gründung einer vom Land geförderten „Stiftung Bahnhof Rolandseck" ein. Das war 1973. Ein Jahr zuvor schon erwarb Rheinland-Pfalz im Zuge eines Grundstücktauschs von der Deutschen Bundesbahn den Bahnhof. Die Stiftung nahm dort ihren Sitz. Sie sicherte nun den Unterhalt des Bahnhofs und ermöglichte finanzielle Zuschüsse für die Kulturaktivitäten vor Ort.

*

Ein wichtiger Schritt für die Zukunft des Kunstbahnhofs. Es galt aber noch einen sicheren Hort für die Werke Hans Arps zu finden. Den hatte Wasmuth noch zu Lebzeiten kennengelernt und eine freundschaftliche Beziehung zu ihm aufgebaut. Als Hans Arp 1966 starb, gelangte Wasmuth in den Besitz weiterer Werke sowie von Abgussrechten anderer Originale Arps. Einige der Werke waren in Rolandseck bereits ausgestellt. Nun aber sollte ein eigenes Arp-Museum entstehen. Auch deshalb gründete 1977 Wasmuth in Absprache mit Marguerite Arp-Hagenbach, der zweiten Ehefrau

Hans Arps, den Verein Stiftung Hans Arp und Sophie Taeuber-Arp (Stiftung Arp e.V.). Er nahm seinen Sitz in Rolandseck. Zudem übernahm er den Sammlungsbestand. Fehlte noch das Museum. Dazu brauchte man neuerlich das Land. Eine Rahmenvereinbarung mit dem Land Rheinland-Pfalz aus den 1990er Jahren lautete, dass das Land sich verpflichten sollte, das Museum zu bauen. Im Gegenzug sollte das Land die vereinseigene Sammlung erhalten. Zudem sollte die Stiftung Arp e.V. das Museum mit betreiben. Man hatte inzwischen den renommierten amerikanischen Architekten Richard Meier für das Projekt interessiert. Der prominente Architekt gab tatsächlich dem Unternehmen neuerlichen Schwung. Seine Pläne eines in den Hang oberhalb des Bahnhofs gebauten schwebenden weißen Museums versprachen eine architektonische Sensation. Johannes Wasmuth erlebte sie nicht mehr. Er starb, 61 jährig, im Jahre 1997. Zehn Jahre später wurde das weiße Museum Richard Meyers eingeweiht. Inzwischen ist nach einigem rechtlichen Hin und Her die Rahmenvereinbarung zwischen dem Land und der Stiftung Arp e.V. aufgehoben worden. Das Museum 'gehört' jetzt dem Land. Die Arp Stiftung ist bemüht, durch Öffnung ihrer Sammlung, des Archivs und der Bibliothek für eine interessierte Öffentlichkeit und die Forschung ihren zwischenzeitlich durch zweifelhafte Urheberschaftsangaben zu einigen ihrer Arp-Werke in Mitleidenschaft geratenen Ruf wiederherzustellen. Seit 2013 hat die Stiftung einen Standort in Berlin.

*

57

Man muss diese Dinge nicht alle wissen. Der weiße Bau Richard Meiers beeindruckt in seiner schlichten Schönheit. Die Sonne lässt ihn am Hang glänzen. Auch innen ist der Bau von moderner Eleganz. Zudem bietet er schöne Aussichten. Später sitze ich auf der Galerie des Bahnhof und lasse mir ein Glas kühlen Riesling servieren. Der Blick geht über den Rhein. Schön ist es hier. Rhein, Wein, Siebengebirge – und der Bahnhof, der diesen Ort mit seinem Dreiklang lebendig erhalten hat.

*

Wetzlar

Als das 1495 von Kaiser Maximilian I. in Frankfurt eröffnete Reichskammergericht, das seit 1527 in Speyer ansässig war, wegen der andauernden Auseinandersetzungen mit dem Nachbarn Frankreich aus den gefährdeten westlichen Randbereichen des Reiches verlegt werden sollte, suchte man eine Stadt mehr im Inneren des Reiches. Neben Dinkesbühl, Schweinfurt, Friedberg und dem thüringischen Mühlhausen prüfte man auch die Lahnstadt Wetzlar auf ihre Tauglichkeit. Doch noch bevor der Reichstag eine endgültige Entscheidung treffen konnte, trat bereits der Ernstfall ein. 1693 musste das Gericht Speyer fluchtartig vor anrückenden französischen Truppen verlassen. In der Not richtete man sich provisorisch in

Wetzlar ein. Die Stadt hatte die Situation erfasst, ergriff die Gelegenheit und stellte dem Gericht ihr eigenes Rathaus als Amtsgebäude zur Verfügung. Mit dem Gericht kamen nahezu 1000 Bedienstete, vom einfachen Schreiber bis zum adligen Gerichtsherr in die damals knapp 4.000 Einwohner zählende Lahnstadt. Doch in der Reichsstadt, die noch schwer an den Folgen des Dreißigjährigen Krieges trug, begegnete man den privilegierten Gerichtsherrschaften nur mit wenig Begeisterung. Im Gegenteil: der exklusive und vornehme Lebenswandel der "Fremden" erregte Ärgernis bei den verarmten Einheimischen. Erst als 1727 der Reichstag die Lahnstadt als Sitz des höchsten Reichsgerichts endgültig bestätigte, änderte sich langsam die Situation. Endlich konnte die Stadt von ihrer 'Gastfreundschaft' profitieren.

Denn das Gericht richtete sich nun auf Dauer ein. Die bislang provisorisch genutzten Gebäude wurden mit Hilfe der einheimischen Handwerkerschaft 'modernisiert'. Vor allem aber bauten nun die feinen Herrschaften in Wetzlar repräsentative Wohn- und Arbeitsräume. Ein Bauboom begann. Bis heute profitiert die Stadt von diesem Boom, denn das Prachtfachwerk jener Jahre wird heute als Teil der Deutschen Fachwerkstraße vermarktet.

*

Die Voraussetzungen waren nun geschaffen für Wetzlars historische Sternstunde. Sie kam 1772. "Im Frühjahr [es war der 29. Mai 1772]" so notierte der hannoversche Gesandtschaftssekretär Johann Christian Kestner, *"kam hier ein gewisser Goethe aus Frankfurt, seiner Hantierung nach Jurist, 23 Jahre alt, einziger Sohn eines sehr reichen Vaters, um sich hier (...) in Praxi umzusehen."* Als Praktikant zwar hatte er sich einschreiben lassen, jedoch hielt er bis zu seiner Abreise bereits im September sich weitgehend fern von den Amtsstuben des Reichsgerichts. Dortselbst stapelten sich Unmengen von unerledigten, teilweise schon seit Jahrzehnten sich schleppenden Streitfällen, die den jungen Praktikanten kaum interessierten. Trotzdem nahm er einen Eindruck mit. Und der ließ sich literarisch verwerten – so im „Faust": im Studierzimmer übernimmt Mephisto in Gestalt des Fausts die Studienberatung eines rechtschaffen seine Bestimmung suchenden Schülers. Zur „Rechtsgelehrsamkeit", so klagt er, könne er sich nicht bequemen, worauf der 'falsche' Faust erwidert: *„Ich kann es Euch so sehr nicht übel nehmen"*, denn: *„Es erben sich*

Gesetz' und Rechte / Wie eine ew'ge Krankheit fort, / Sie schleppen von Geschlecht sich zum Geschlechte / Und rücken sacht von Ort zu Ort."

*

Dieserart macht der ehemalige Praktikant am Reichsgericht Wetzlar noch nicht zur 'Goethestadt'. Das fing anders an: *"den 9. Juni 1772 fügte es sich, daß Goethe mit bei einem Ball auf dem Lande war, wo mein Mädchen und auch ich waren."* Es war im "Nassauischen Jägerhaus" im nahen Volpertshausen, wo Goethe die mit Kestner verlobte Charlotte kennengelernt hatte. *"Er liebt sie, und ob er gleich ein Philosoph und mir gut ist, sieht er mich doch nicht gern kommen, um mit meinem Mädchen vergnügt zu sein."* Der arme Kestner grämte sich ob der Turtelei, zu der der Nebenbuhler sich nun tagtäglich im Haus der Verehrten einstellte. Weit hatte er es übrigens nicht. Goethe logierte am Kornmarkt 11 in der Oberstadt. Unweit, im Gasthaus "Zum Kronprinzen" am heutigen Domplatz nahm er seinen Mittagstisch. Hier war er zudem als "Götz der Redliche" Mitglied einer sogenannten "Rittertafel", zu der sich einige junge Juristen zusammengeschlossen hatten, bekannt. Indes das Werben um die junge Schöne blieb erfolglos, das Mädchen hielt ihrem Kestner die Treue. 1773 heirateten die beiden. Der Dichter fügte sich in seine Liebesniederlage, entfloh aber dem Ort seiner Enttäuschung und verließ Wetzlar. Aber er machte was draus: 1774 beschrieb er, wie jemand diese Lotte leidend liebte - Lottchen, mein Lottchen! Ach, Werther!

*

Die echte Charlotte war die Tochter des Amtmanns Buff, und wohnte im väterlichen Haus auf dem Anwesen des Deutschordens in Wetzlar, oberhalb des Domes. Der Amtmann hatte 1750, drei Jahre vor der Geburt seiner zweitältesten Tochter Charlotte an das kleine Verwalterhäuschen anbauen lassen und so war jenes "wohlgebaute Haus" entstanden, das man heute noch wie einstens Werther von der Straße durch den Hof und dann die "vorliegenden Treppen hinauf" erreicht. Die Buffs bewohnten das Diensthaus bis zur Auflösung des Deutschordens durch die Franzosen 1809. Dann übernahm die Stadt das ehemalige Ordensanwesen samt Verwalterhaus und nutzte es als Schule und Lehrlingsanstalt. Zu dieser Zeit, das Reichsgericht war bereits 1806 mangels Reich aufgelöst worden, begannen harte

Armutszeiten. Die ehemals Freie Reichsstadt war seit 1815 eine kleine 5.000 Seelen zählende Provinzstadt in Preußen. Die allgemeine Verarmung im Lande machte vor solchen Stadtgrenzen nicht halt. Im Gegenteil: das städtische Kleinbürgertum und das sie tragende handwerkliche Gewerbe, das in den Boomzeiten des Reichsgerichts einen bescheidenen Wohlstand erworben hatte, verfiel nun rapide. Im städtischen Armenkolleg führte man Buch über den Verfall. Helfen konnte man kaum. Auch nicht der Witwe Bebel, die 1846 mit ihren beiden Söhnen von Köln-Deutz in ihre Geburtsstadt nach Wetzlar gekommen war, um hier mit Hilfe der Verwandtschaft ein Auskommen zu finden. Die Mutter starb jedoch bald schon, der junge Bebel ging noch zur Schule. Den Besuch der "ganz vortrefflichen Volksschule", wie er später einmal sagen sollte, und eine Lehre als Drechsler ermöglichte ein Waisenfonds, den der Apotheker Johann-David-Winkler in den 1830er Jahren gegründet hatte. Die Stadt und die beiden großen Konfessionen verwalteten gemeinsam diesen Fonds. Die Schule, die nun Bebel besuchte, befand sich auf dem ehemaligen Anwesen des Deutschordens. Und so ging also der Urvater der SPD täglich Werthers Weg zum Lottehaus. Ob er's wusste? 1858 verließ er als Drechslergeselle die Lahnstadt, die ihm eine Schule fürs Leben gewesen war. Ihr hinterließ er später 6000 Mark - ausdrücklich für die Waisen- und Armenunterstützung. Im Übrigen erschien ihm die Lahnstadt, die er später immer wieder besuchte, aber auch als ein "Philisternest erster Größe". Kein Grund für Missverständnisse: Bebel wurde ein bürgerlich gewürdigter Repräsentant des Deutschen Reichs, Symbol der 'guten', der vaterlandsgetreuen Sozialdemokratischer. Weiß Gott, es hätte schlimmer kommen können...

Und so ist es nicht verwunderlich, wenn in Wetzlars denkmalgesättigten Winkeln dem Arbeiterführer genauso pathetisch-tümelnd gedacht wird, wie nahbei dem Reichsgründer Bismarck, oder an der nächsten Ecke den Landserwallfahrern des Zweiten Weltkriegs: "Gedenket der Gefallenen des Masch.Gew.-Bat. ..." Norwegen... Russland... Tobruk... El Alamein... heißen die Stationen ihrer Mission. "Seine Schul- und Lehrjahre verbrachte der Arbeiterführer in Wetzlar" idealisiert das immergleiche Denkmaldeutsch, als wär's ein Idyll – gerade so wie das Denkmal in hübsch versteckter Laube.

*

Zurück ins Lottehaus. 1863 richteten Wetzlarer Bürger in Absprache mit den damals noch lebenden Kindern des Ehepaars Kestner im "Staatszimmer", dem 'guten Zimmer', das nach dem Anbau des alten Buff entstanden war, ein erstes Lotte-Erinnerungszimmer ein. 1922 wurde das Haus zum "Lottehaus". Im Krieg nahm es Schaden wurde aber als bedeutsames Dokument der Goethe-Geschichte bald schon wiederhergestellt. In den späten 1990er Jahren unterzog man das Haus einer grundlegenden Sanierung. Einige wenige Original-Lotte-Utensilien, eine respektable Sammlung von Werther-Erstausgaben aus aller Herren Länder und Einrichtungsgegenstände aus dem 18. Jahrhundert, darunter auch ein Spinett, dessen

Tasten Lottes Finger... Kurzum: so-hätte-es-damals-ausgesehen-haben-können. Doch die täglichen Werther-Laienforscher ("manchmal sind es 300 am Tag", stöhnt die Dame von der Aufsicht an diesem Nachmittag, da ich der einzige Besucher bin) wollen es genauer wissen: Wo stand Lotte im simplen weißen Kleid, "mit blaßroten Schleifen an Arm und Brust"? Als übrigens Jahre später, 1816, "Lotte in Weimar" ist, kann sie sich die kokette Anspielung nicht verkneifen. Zur Audienz bei IHM trägt sie eben jene Schleifen an Arm und Brust. Wirklich? So erfindet es, mit ironischem Spaß der Wiederbegegnung Zauber verleihend, Thomas Mann in seinem Roman, während in Wirklichkeit das Treffen in mattstumpfer Höflichkeit verlief. Wo also stand sie und schnitt der Kinderschar "rings herum jedem sein Stück (Brot) nach Proportion ihres Alters und Appetits" als Goethe (oder war es Werther?) eintrat? Ob denn der Tisch vielleicht genau hier gestanden hatte, an dem die Großfamilie die Mahlzeiten nahm? Und die Schulkinder? Wo machten sie denn ihre Hausaufgaben? In der Küche? Die Dame stöhnt. "Diese Fragerei! Es ist doch nichts mehr so wie damals. Die Zeit ist doch nicht stehen geblieben. Und übrigens stand das Haus auch schon vor Lottes Zeiten. Schauen Sie hier, diese Wandbemalung, die man jetzt erst freigelegt hat, ist fast 100 Jahre älter." Ein Trompe-l'œil für Arme: eine aufgemalte Tapete. Aber dann sagt sie doch: "Diese steineren Türschwellen zur Küche sind aus Lottes Zeit." Na also doch!

*

Gehen wir – so wie man es in anregend inszenierten thematischen Stadtführungen des städtischen Tourismusamtes auch machen kann – mit Goethes Werther die schmale Straße zum nahen Dom hinunter. Ein wuchtigwütendes Gotikum zwingt als unvollendeter Anbau das schwerdeutsch-romanische Ursprungsportal in den Schatten. Das gotische Hauptportal 'schmückt' als Besonderheit eine „Judenkonsole": die steinerne Muttergottes, das Kind herrschaftssicher auf ihrem Arm, steht mit den Füßen auf dieser Konsole. Sie ist gekennzeichnet durch das lächelnde Gesicht eines Mannes mit spitzem 'Judenhut'. Auf dem Rücken trägt er den Teufel, der ihn, von hinten über die Schulter schauend, fest umarmt. Die Konsole wurde anlässlich der Domrenovierung in den Jahren 1903 bis 1910 erneuert. Erneuert oder neu gestaltet? Denn zuweilen hört man, statt auf der Judenschulter sei der Teufel ursprünglich „auf einer Nonne hanget" gewesen: „Zu Wetzlar auf dem Dom, sitzt der Teufel auf der Nonn". Im Zuge des preußisch-deutschen Antisemitismus im 19. Jahrhundert habe man den verwitterten alten Stein dann durch die Kennzeichnung mit dem Judenhut als in die zeitgenössisch antisemitische Stimmung passende Botschaft neu gestaltet. Und damit das Original verfälscht? Heute 'erklärt' eine Tafel am Portal die Darstellung als typischen Ausdruck eines traurig-traditionellen kirchlichen Antisemitismus.

*

Der Bau des gewaltigen Westwerks, dem man wegen des Gefälles ein monumentales Sockelfundament unterlegen musste, überforderte bald schon die Kräfte der Stadt und ihrer Bürger. 1360 mussten die Arbeiten erstmals unterbrochen werden. In den nächsten 200 Jahren wuchs immerhin der südliche Turm bis zum Turmhelm, der Nordturm aber blieb unvollendet. Das Ganze ein weithin sichtbarer und markanter Torso. Drinnen dominiert evangelisch hallengotische Repräsentanz, die auch an diesem Ort so leicht fürs Vaterländische sich vereinnahmen ließ: In stolzer Trauer gedenkt man der 1914 bis 1918 für die deutsche Sache Gefallenen. Ihre Namen ringen sich in alphabetischer Reihenfolge um einen Pfeiler. Im düsteren Teil des Chores brennt das ewige Licht. Die Konfessionen praktizieren heute im Dom Ökumene. Sie teilen sich das Gotteshaus.

*

Den Domplatz prägt heute eine gediegene provinzstädtische Geschäftsmäßigkeit. Oberhalb, vor die alte Hauptwache, fährt die hiesige Prominenz im Sommer gerne mit dem Cabrio vor. Unterhalb, in prächtigem entkernten Fachwerk lässt sich für gutes Geld im Modehaus einkaufen. Doch fast ist es wie ehedem: die Wohlhabenheit, die einem hier begegnet, fremdelt inmitten ursprünglich Wetzlarer Bodenständigkeit. "Ja, meiner Frau", so klagt der Zugezogene im Bistro, "ist es sehr schwer gefallen, nach Wetzlar, in die Provinz, zu ziehen. Sie vermisst ihr Darmstadt, die Stadt und das kulturelle Angebot..."

*

Jedenfalls ist Wetzlar eine kleine Stadt mitten in Deutschland. So eine lieben die Touristen aus Amerika und Asien, wenn sie Heidelberg besuchen. Eine fachwerkige Altstadt, verwinkelte Gassen, droben der Dom, ein Fluss, gerade so beschaffen, dass er idyllische Krähwinkel-Ansichten prägt, freilich kein Fernweh entstehen lässt. Dieser Fluss mündet nicht im Meer. Hier, in den Gassen der Unterstadt, verwelkt das Gemüt im düsteren Schatten, gedeiht gefährlich gemütliches Kleingeistertum. Aber nein, was für ein Klischee! Ein frischer Wind verweht den Muff der Enge? Ein modernes Seniorenwohnheim wirbt mit Blick auf die Lahn. Und die vielen Ökoläden, Weinhandlungen und Feinkostläden, verweisen sie nicht auf junges Händlerengagement? Stolz berichtet die örtliche Zeitung von einer weiteren Neueröffnung: Es sei vorbildlich gelungen, die Anforderungen der Fachwerkpflege und -erhaltung mit den Ansprüchen eines modernen Markenartikelgeschäfts zu vereinbaren. Auf dass auch noch die letzten stickigen und düster-engen Fachwerkbruchbuden fallen oder saniert werden. Drin wohnten einst die Handwerker, die Kleingewerbler. Menschen des hessischen Typs mit einer gewissen Schwerfälligkeit, die ihren Ausdruck in kantigen Körpermaßen und groben Gesichtszügen findet. Aus der Stadt vertrieb sie vor Generationen die Industrialisierung, die sie zu Industriearbeitern machte. Sie begegnen einem jenseits der Lahn, dort, wo in der neuen Stadt Einkaufsstraßen und klobige Fußgängerzonenkaufhäuser zwischen den Nordseeimbiss-Wurstbratereien-Fastfood-Ketten mit Angeboten locken. Sie tragen schwer an ihren Einkaufstaschen. Viele Gesichter sind stumpf und grob aus Unzufriedenheit und schlechter Ernährung... Ein ungerechtes Urteil, mit dem der Besucher nur seine eigenen Provinzklischees bestätigt sehen will. Zum Hessentag 2012 erhielt die Stadt einen Komplettumbau des Bahnhofs, den freilich die Gäste dann doch noch nicht bewundern konnten, denn fertig wurde der Umbau erst viel später. Nun aber ist er's. Gleich nebenan eine Shopping Mall, unweit davon eine Veranstaltungshalle, in der auch bereits Bob Dylan auf seiner Never-Ending-Tour Station machte. Glaubt man dem aktuellen Wikipedia-Eintrag „Wetzlar", dann zählt die knapp 52.000 Einwohner zählende Stadt zu den starken Einzelhandelsstandorten Deutschlands. Ja, manches glänzt inzwischen wieder in der mittelhessischen Stadt.

*

Dazu passt, dass seit einiger Zeit auch Leitz wieder in Wetzlar ansässig ist. Vor der alten Stadtmauer, unterhalb des Kalsmunts, einer wohl im 12. Jahrhundert auf einem etwa 250 Meter hohen Basaltkegel errichteten Reichsburg – der Höhenunterschied zwischen dem Schillerplatz drunten in der Altstadt und der Kuppe des Kegels beträgt 90 Meter weiß ein Förderverein Kalsmunt auf seiner Webseite mitzuteilen – war Leitz einst groß geworden. Seit Ende des 19. Jahrhunderts hatte Ernst Leitz hier seine ersten Fertigungsstätten angesiedelt. In dem Maße, wie dann die Firma wuchs, waren neue Bauten erforderlich. Neben den ursprünglichen Fertigungsstätten entstanden nun von 1907 bis 1950 weitere Werksgebäude. Nach den Plänen des Architekten Jean Emil Schmidt wurden die Hochbauten, die bis heute markant das Stadtgebiet prägen, errichtet. Inmitten dieser im Stil moderner Sachlichkeit geprägten Industriearchitektur steht dort, nah bei der Kalsmuntpforte, durch die man in die alte Vorstadt Silhofen kam, ein unscheinbares Haus, dessen Bedeutung erst eine Wandtafel erschließt: „Hier entschied 1924 Ernst Leitz II, die von Oskar Barnack erfundene Leica zu fertigen." Das war der Beginn der zweiten Leitz-Erfolgsgeschichte, die Leica-Kamera wurde zu einem weltweit geschätzten Produkt. Hier wurde sie produziert. In den Firmengebäuden waren bis in die 1960er Jahre zeitweise 7.000 Menschen beschäftigt. 1957 wurde gegenüber dem 1950 fertiggestelltem Gebäude ein neues Verwaltungsgebäude errichtet. Das markante Bauwerk, seit 1995 von der Stadt als ihr Neues Rathaus genutzt, hatten die Architekten Friedrich Groß und Otto Keune als zeitgenössisch modernes, dabei den sachlichen Stil der älteren Fabrikbauten aufgreifendes eigenständiges Gebäude in Wirtschaftswunderzeiten geplant. Eine Brücke, die bis heute das Aussehen der Ernst-Leitz-Straße an dieser Stelle prägt, verband das neue Verwaltungsgebäude mit den Fertigungsgebäuden auf der anderen Straßenseite.

*

Die Leica stellte einen weiteren Höhepunkt der optischen Qualitätsfertigung durch Leitz dar. 1869 hatte Ernst Leitz I (1843-1920) die Firma gegründet und vor allem mit seinen hervorragenden Mikroskopen den weltweiten Ruf des Unternehmens begründet. Nun kamen die Kameras hinzu und begründeten einen nachgerade legendären Ruf der Wetzlarer. Leica wurde zu einem begehrten Qualitätssymbol. Doch nicht nur die Qualität der optischen Geräte festigte das Leitz-Image. Schon der Firmengründer hatte sich mit dem Selbstverständnis eines patriarchalischen Firmenchefs um 'seine Leute' gekümmert. Es gab fortschrittliche Arbeitszeiten und die betriebliche Sozialpolitik war im Vergleich zu den damaligen Standards vorbildlich. Spaziert man heute durch das ehemalige Leitz-Firmengelände, dann ist bis heute etwas spürbar vom aufgeklärten Geist eines modernen Firmenverständnisses, der hier bis in die architektonische Gestaltung der Firmenbauten prägend war. Bergan erreicht man alsdann „Haus Friedwart". Die in den Jahren 1914 bis 1917 errichtete Villa diente als Wohnhaus der Familie. In den Hang des Kalsmunts gebaut, liegt sie oberhalb des Leitz-Firmengeländes mit repräsentativem Ausblick auf die weiter entfernte Stadt. Gebaut hatte sie Ernst Leitz II. Der 1871 in Wetzlar geborene Leitz war bereits 1906 als Teilhaber in die Firma eingestiegen, nach dem Tod des Vaters 1920 übernahm er sie. Die Villa hatte in seinem Auftrag der Hausarchitekt Jean Emil Schmidt noch in der Art typischer repräsentativer Bürgervillen geplant. Aber Aussehen und Ausstrahlung der Villa, bestimmte schließlich Bruno Paul (1874-1968). Der vielbegabte Architekt (u.a. war er seit 1897 Karikaturist beim Münchner „Simplicissimus") war 1907 Mitbegründer des Deutschen Werkbundes. Als Hochschullehrer und zunehmend als Designer und Inneneinrichter beeinflusste Paul die „sieben fetten Jahre" des Werkbundes, die ihren Höhepunkt in der Kölner Werkbundausstellung 1914 finden sollten. Diese große öffentliche Selbstdarstellung des Werkbundes sollte eine Manifestation sein. Endlich sollten die vielen Ideen, Aktivitäten und Leistungen der Mitglieder den Anspruch zur „Tat" erheben: „von der Schaubühne bis auf den Friedhof", wie ein im Werkbund beliebtes Bonmot lautete, wollte man das alltägliche Leben prägen: Formgebung im industriellen Zeitalter als eine ästhetische, soziale, kulturelle und damit auch politische Herausforderung. Der Aufbruch indes wurde jäh durch den Ausbruch des Ersten Weltkriegs gestoppt. Eine geistesgestörte nationale Kriegseuphorie trat an die Stelle der Aufbruchseuphorie – für einige war der Weg von der einen zur anderen nicht sehr weit... Erst nach dem Krieg wirkte sich der Impuls des Werkbundes dann doch noch aus: in den Ideen einer neuen Sachlichkeit, wie sie das Bauhaus formulierte und vorführte. Bruno Paul war auf der Kölner Werkbundausstellung als Architekt und Innenausstatter präsent. Seine Bauten indes gefielen den zeitgenössischen Kritikern wegen ihrer historisierenden Stilimitationen weniger gut. Aufsehen erregte aber sein "Gelbes Haus", eine nach ihrer gelben Putzfarbe benannte Villa, in der er repräsentative Räumlichkeiten gestaltet hatte. „Raumkunst für die anspruchsvolleren Kreise", nannte ein Kritiker Pauls ebenso eigenwillige wie neuartige Innenausstattung. Vor allem die kräftige Farbwirkung beeindruckte die Ausstellungsbesucher: „Unvergesslich bleibt der farbige Eindruck des Speisezimmers, in dem von einem meisterhaften Wandgemälde Orliks [*Emil Orlik, 1870 in Prag geborener Maler, Zeichner, Grafiker, Kunsthandwerker. Populär waren seine Sammelbilder für die Stollwerck-Sammelalben des Kölner Schokoladenproduzenten. Orlik zählte auch zu den Künstlern des Japonismus. Er starb 1932 in Berlin.*] aus alle Töne und Formen des Raumes 'organisiert' worden waren." Indem freilich, auch darauf machten Zeitgenossen aufmerksam, wer so wohnen wollte, nicht nur zu den anspruchsvolleren sondern auch zu den betuchteren Kreisen gehören musste, entfernte sich Paul von den Ursprüngen der Werkbundidee. Die war auch einem sozialen Anspruch verpflichtet. Doch dieses Interieur sollte exklusiv sein. Und Paul wurde zum Innenraumkünstler großbürgerlicher Repräsentanz. Man mag annehmen, dass auch Ernst Leitz II, der viele persönliche Kontakte in die Werkbundkreise hatte, in Köln das Gelbe Haus besichtigte. Mit Sicherheit gehörte er zur Zielgruppe Pauls. Wie auch immer, Pauls erhielt den Auftrag zur Ausgestaltung der Wetzlarer

Villa. Und so lassen sich die Prinzipien der Paul'schen Ästhetik, die man in Köln gesehen hatte, im „Haus Friedwart" wiederfinden: feinsinnig-elegante Geometrie, eine von Japan inspirierte Exotik, die zu Beginn des 20. Jahrhunderts eine beliebte Mode war, sowie die intensive Farbgestaltung. „Es gibt kein zweites von Bruno Paul ausgestattetes Haus dieser Zeit", so bemerkt ein mit Paul vertrauter Kunsthistoriker, „das so vollständig erhalten ist".

*

Ernst Leitz II war ein liberaler Mann. Er war – auch das sollte man betonen – ein Demokrat, was unter seinesgleichen in der Weimarer Demokratie keinesfalls der Regelfall war. Er engagierte sich für die Demokratie. Mit dieser Haltung blieb er in Distanz zu den Nazis. Er half vielen jüdischen, wohl auch nichtjüdischen politisch verfolgten Leitz-MitarbeiterInnen, indem er ihnen mit Geld und Empfehlungsschreiben die rechtzeitige Ausreise ermöglichte. In den Leica-Niederlassungen in Frankreich, England, Hongkong und den USA fanden die Flüchtlinge Ansprechpartner für einen neuen Start. Man schätzt, dass etwa 200 bis 300 Menschen mit dem sogenannten „Leica Fredom Train" allein in der US-Niederlassung der Firma ankamen, einen neuen Job fanden und so gerettet wurden. Man weiß von Ernst Leitz, dass er nach dem Krieg von dergleichen Taten nur selten und zurückhaltend erzählte. Das allein kann aber nicht erklären, dass seine Taten in der Nachkriegsbundesrepublik weitgehend unbekannt blieben. Ehrungen erfuhren Leitz und sein Tochter Elsie Kühn-Leitz, die an den Rettungsaktionen beteiligt war, eher aus dem

Ausland. Vor diesem Hintergrund liegt eine gewisse Konsequenz darin, dass Leitz nach dem Krieg seine Wetzlarer Villa der Friedenswahrung widmete. „Haus Friedwart" war in diesem Sinne ein Programm.

*

Leitz und seine Firma waren Teil der Stadt und ihrer Gesellschaft. Zwar erlebte die Firma seit den 1970er Jahren eine Reihe von Umgestaltungen, doch der Name Leica blieb in Wetzlar am alten Standort in einer der Nachfolgefirmen von Leitz präsent. Seit 2014 wird nun auch wieder die Kamera in Wetzlar hergestellt. Die Leica Kamera AG, eine weitere Nachfolgeunternehmung von Leitz, zog von Solms zurück nach Wetzlar. Möglich wurde dies u.a. durch die erfolgreiche Umwandlung eines ehemaligen Kasernengeländes zu einem High-

Tech-Standort, dem Leitz-Park. Hier wird nicht nur produziert, sondern in einer Art Erlebniswelt erhält man Einblicke in die Geschichte des Unternehmens und seiner optischen Erfindungen.

*

Ein gutes Ende möchte man meinen: kommt doch da zusammen, was zusammengehört. Beim Reichsgericht damals war es anders. Die privilegierten Gerichtsvornehmen blieben eher unter sich als dass sie zu Wetzlarern wurden. Abseits der Stadtgesellschaft pflegten sie in ihren Kreisen jene verfetteten Umgangsformen, denen der junge Werther mit angewiderter Verachtung begegnete. Der wohnte auch nicht im repräsentativen Fachwerk oben in der Stadt, der wohnte hier unten, wo die Häuschen krumm und schief in ihrem Fachwerk hängen.

Wer hier wohnte gehörte nicht zu den besseren Kreisen. Die stille Verachtung der Vornehmen, ihr arroganter Adelsstolz samt ihrer starren und geistlosen Umgangsformen, all das peinigte den Jüngling wie es zugleich seine Verachtung anspornte. Raus aus der Stadt, ins Freie, in die reine, ehrliche Natur, die damals gleich hier begann. Und wieder steht der schlendernde Besucher an einem schicksalsträchtigen Ort. In diesem Haus erschoss sich Werther. Moment! Nicht Werther. Carl Wilhelm Jerusalem hieß der junge Mann, dessen Selbstmord in der kleinen Lahnstadt einigen Aufruhr erregte. Dem war der junge Goethe in Wetzlar einige Male begegnet, man kannte sich zudem aus Leipzig. Jedoch weder dort noch hier in Wetzlar wurden sie Freunde. Wie der Braunschweigische Legationssekretär

Jerusalem, der 1771 nach Wetzlar gekommen war, den „Schöngeist und Philosoph", als welcher Goethe in Gerichtskreisen galt, einschätzte, soll er Freunden gegenüber geäußert haben: "ein Geck, noch außerdem frankfurter Zeitungsschreiber". Und das sollte kein Lob sein! Möglicherweise mag er dabei den anderen ein wenig auch beneidet haben, denn während dem Frankfurter eben in dieser Stadt alles wie selbstverständlich zu gelingen schien, bedeutete Wetzlar für Jerusalem Leidenszeit. Der empfindsame und gebildete Jerusalem - 1776 erschienen seine philosophischen Schriften, herausgegeben von keinem geringeren als G.E. Lessing – wurde von seinen Vorgesetzten regelrecht gemobbt. Intrigen und Verleumdungen aus den Amtszimmern zermürbten den Jungen ebenso wie die alltäglich stumpfen Schreibarbeiten, die man ihm wie zum Hohn auferlegte. Immer mehr zog er sich zurück und so wohnte er bereits seit einiger Zeit in zwei karg möblierten und düster-kalten Zimmern der Unterstadt zur Miete. Und nun hatte er sich zu allem Unglück auch noch vergeblich in die Frau eines Pfälzischen Sekretärs verliebt. Er wollte weg, nur weg...

Was nun passierte, kennen wir aus der Werther-Tragödie. Tatsächlich erfuhr Goethe die Details der realen Tragödie des Jerusalem von Kestner, mit dem Jerusalem sehr gut bekannt war. So gab es für Kestner auch keinen Grund, der Bitte Jerusalems, ihm doch "zu einer vorhabenden Reise" zwei Pistolen auszuleihen, zu widersprechen. Bei einer Reise über Land war das eine durchaus normale Vorsorge zum Schutz vor wegelagernden Rabauken. Doch diese Reise war von anderer Art. Sie endete in der Nacht vom 29. zum 30. Oktober 1772 im Zimmer des heutigen "Jerusalem-Hauses". Die ergreifende Szene ist nachgestellt. Dort steht der Tisch, an dem der junge Jerusalem/Werther sich in dieser Herbstnacht erschoss. Mit dieser Pistole: das Kleinod liegt schmuck auf dem Tisch. "Dann ist er heruntergesunken, hat sich konvulsivisch um den Stuhl herumgewälzt." Er starb erst Stunden später, gegen Mittag des folgenden Tages. "Die Lunge röchelte noch fürchterlich, bald schwach, bald stärker." Kein schöner Tod, kein Werther-Tod. Die inszenierte Tragik des fiktiven Todes kann die triviale Grausamkeit des realen Todes nicht überwinden. "'Emilia Galotti' lag auf dem Pulte aufgeschlagen." Auch diese hübsch-schaurige Information hatte Goethe von Kestner bekommen, aber, darauf legt die hohe Goetheschule wert, Goethe hätte niemals diese Information in seinen Werther einfließen lassen, wenn sie nicht "in das innere Gefüge des Romans" gepasst hätte. Als müsse man auch den letzten Rest vor Trivialitätsverdacht schützen. Die ganze Geschichte aber ist trivial und eben deshalb anrührend.

Laboe

Der freundliche Herr mit dem auffällig blondiertem Deckhaar zupft das marineblaue Jackett mit dem Abzeichen des Deutschen Marinebundes auf der linken Brustseite zurecht, streckt sich ein wenig, wie um Luft zu holen und begrüßt sodann in wohlerzogener Manier die Besucher: namens des Deutschen Marinebundes, der stolz darauf sei, an dieser Stelle in Laboe die „deutschen Marinetraditionen" und das „maritime Brauchtum" zu hüten und zu pflegen, lade er die Besucher in das Marine-Ehrenmal ein. Man lasse sich bitte, so rät er drängend-wohlwollend, "vom Geist" des Ehrenmals berühren. Er garantiere ein eindrucksvolles Erlebnis an dessen Ende, so verblüfft er die Anwesenden, keine Fragen offen bleiben. Man wolle sich ihm nun anschließen.

Der Ort: Laboe, das Marine-Ehrenmal. Der markante 72 Meter hohe Turm, überragt ein bauliches Ensemble, das in den Jahren 1927 bis 1936 errichtet wurde. Der Turm steht mit seiner steilen Seite dem Meer zugewandt, derweil seine mutig geschwungene Innenseite der kreisrunden Platzfläche zugeneigt ist. Hier befand sich eben dort, wo jetzt die unterirdische Gedenkhalle ist, ein mächtiger Panzerturm, einstmals gedacht zum Schutz der Kieler Hafenanlagen. Nach dem Ersten Weltkrieg musste der Wehrbau, einer Auflage des Versailler Vertrages folgend, demontiert werden. Auf dem frei gewordenen Platz errichtete der Düsseldorfer Architekt Gustav August Munzer (1887-1973) von 1927 bis 1936 ein imposantes expressionistisches Bauwerk. Nicht nur der

Turm, auch die „historische Halle", mit deren Fertigstellung im Jahre 1936 auch endlich das gesamte Ehrenmal eingeweiht werden konnte, atmen expressionistisches Formstreben. „Ein Bauwerk", so schrieb der Architekt einmal, wolle er schaffen, „mit der Erde und der See fest verwurzelt und gen Himmel steigend wie eine Flamme."

Das Pathos des Expressionismus erwies sich – nicht nur in Laboe im Übrigen – anschlussfähig an nationalsozialistische Architekturvorstellun-gen. Auf eine diesbezügliche Bemerkung einer Besucherin klärt der Führer freundlich aber verbindlich auf: mit dem Nationalsozialismus habe dieser Ort nichts zu tun! Zwar sei zur Er-öffnung des Ehrenmals 1936 Hitler anwesend gewesen. Aber er habe keine Rede gehalten. Auch Hitler habe nicht gewagt, das Anliegen der Marine zu beeinflussen oder gar zu bevormunden. Nun, das war auch gar nicht nötig. Denn das Ehrenmal war von seinem Initiator, dem Admiral Reinhard Scheer (1863-1928), der 1916 die deutsche Flotte in der Skagerrakschlacht befehligt hatte, mit einer markanten Widmung versehen worden: „Für deutsche Seemannsehr', für Deutschlands schwimmende Wehr, für beider Wiederkehr." Revanche statt Aussöhnung. Und Wiederherstellung einer starken Flotte, als Teil eines wiedererstarkten Deutschen Reichs. Dem brauchte Hitler wahrlich nichts hinzuzufügen.

Ein nationales, um nicht zu sagen ein nationalistisches Symbol war Laboe. Das maritime Gedenken dort war ein Heldengedenken. Es war also kaum erstaunlich, dass nach dem Zweiten Weltkrieg die englischen Besatzer auf eine Demontage der von ihnen beschlagnahmten Heldengedenkstätte drängten. Indes wurden bald schon nach Kriegsende im aufkommenden Ost-West-Konflikt andere Dinge wichtig: das Symbol der nationalistischen Hybris jedenfalls überlebte und 1954 gaben die Engländer die Stätte den Deutschen zurück. Der Deutsche Marinebund übernahm den Ort und fortan wurde das Ehrenmal zur Gedenkstätte umgewidmet. Die Widmung in der Eingangshalle des Turms lautete von nun an: „Dem Gedenken aller toten deutschen Seefahrer beider Weltkriege und unseren toten Gegnern."

Hier, in der Eingangshalle, hält der Führer inne. Er muss sich konzentrieren. Denn es gilt, die verschiedenen Widmungen, die allesamt seit der Neugestaltung der Halle 1996 einen wohlbedachten Platz an den Wänden der Halle gefunden haben, auseinanderzuhalten und zu erläutern. Zentral die neue Widmungsinschrift: „Gedenkstätte für die auf See Gebliebenen aller Nationen – Mahnmal für eine friedliche Seefahrt auf freien Meeren." Zur Linken die Widmung von 1927, zur Rechten die Widmung von 1954. Nun also: Versöhnung statt Revanche. Mit spürbarem Pathos in der Stimme fügt der freundliche Herr hinzu: keine Heldenverehrung, sondern Gedenken an die deutschen und alliierten „Seekriegsopfer" beider Weltkriege. Freilich blieb seit 1945 die Zeit nicht stehen. Dem Zweiten Weltkrieg folgten weitere Kriege in der Welt und längst sind auch deutsche Soldaten wieder an kriegerischen Aktionen beteiligt. Folglich drängte die Marine nach einer eigenen „Gedenkstätte Deutsche Marine". Seit 1996 ist sie in die Eingangshalle

integriert: „In ehrendem Gedenken den Angehörigen der deutschen Marine, die seit 1955 in
Ausübung ihres Dienstes ihr Leben ließen." In
akkuratem Vervollständigungsbemühen sind
ins Gedenken auch die Angehörigen der DDR-
Volksmarine einbezogen. In einem „Ehrenbuch
der Marine" sind die Namen der zu Tode gekommen Angehörigen der Marine aufgeführt.
Der letzte Eintrag nennt eine auf der „Gorch
Fock" tödlich verunglückte Soldatin. Seit 2010
ist zudem – als Ausdruck der „Solidarität" mit
den Bundeswehrangehörigen der anderen
Waffengattungen – eine eigene Gedenktafel
denjenigen gewidmet, die bei Auslandseinsät-
zen der Bundeswehr ihr Leben verloren haben.
So sei's denn? Nein, es fehlt noch die „Gedenkstätte Zivile Schifffahrt" mit der Widmung: „Wir gedenken der Toten der zivilen

Schifffahrt und Seedienste". Gemeint sind zunächst die unglücklichen Menschen, die nach 1945 von den Alliierten als Minenräumer eingesetzt wurden. Viele von ihnen starben beim Versuch, die unzähligen von den Nazis ausgesetzten Seeminen zu bergen. Eine solche Mine ist im Außenbereich der Gedenkstätte ausgestellt. Sodann gedenkt man „allen anderen auf See Gebliebenen".

1996 wurde auch die „Ehrenhalle", die man nun betritt, neu gestaltet. Die Halle ist ausdrücklich den Kriegsgefallenen der Kaiserlichen Marine im Ersten Weltkrieg und der Nazi-Kriegsmarine im zweiten Weltkrieg gewidmet. „Sie starben für uns. Den Lebenden zur Mahnung" ist an der mittleren Wand zu lesen. Starben sie für „uns"? Die Vereinnahmung irritiert mich. Für mich starb keiner dieser Seeleute, aber sie starben... Seit der Neugestaltung der Halle ist der erste Satz in Kreuzform gesetzt, damit, so erläutert gerührt der Führer, „alle sich wiederfinden können."

Das Ehrenmal ist kein Museum. Nein, hier wird der verstorbenen Angehörigen gedacht. Es finden Trauerfeiern statt. Hier werden beispielsweise zur Kieler Woche regelmäßig Kränze abgelegt. „Ich lade Sie nun ein, die Gedenkhalle zu betreten."

Die unterirdische „Gedenkhalle" ist das Zentrum des Marineehrenmals. Man betritt sie durch einen Gang zu dem eine Treppe der Eingangshalle hinabführt. Eine dämmrige, wohl weihevoll gedachte Beleuchtung: „Entblöße Dein Haupt und schweige" mahnt eine Inschrift. Und auch unser Führer betont eindringlich: „Verhalten Sie sich bitte leise, wenn

sie die Halle betreten." Dann, so kündigt er an,
wolle er „ausnahmsweise für Sie" die Möglich-
keit bieten, dem feierlichen Akt der Kranzniederlegung nachzuspüren: zu dem gehört ein
Trommelwirbel, ein Trompeter und die Melodie „Ich hatt' einen Kameraden". „Ich spiele Ihnen die Melodie jetzt einmal ein, damit sie die
Stimmung nachempfinden können". Man steht
inmitten der Halle unter der sechs Meter hohen Kuppel, die ein Oberlicht abschließt, durch
das in „siebenfachem Blau" das Tageslicht ins
Tiefe dringt. Alles ist symbolisch, also auch das
unterschiedliche Blau: es steht für die „sieben
Weltmeere". Stille sei's Gebot auch aus einem
praktischen Grund: die Halle erzeugt ein gewaltiges Echo. Es entstünde eine verwirrende
Kakophonie...

Dem individuellen Gedenken an die verstorbenen Angehörigen an dieser Stelle gebührt jeglicher Respekt. Das kollektive Gedenken in Form feierlich-weihevoller Kranzniederlegungen muss sich freilich angesichts des Ortes Fragen gefallen lassen. Dabei muss man nicht unbedingt an die Weihegruft in der westfälischen Wewelsburg denken, wenn man die Halle betritt. Aber die Ähnlichkeit der beiden Orte ist verblüffend. In der Wewelsburg wollte Heinrich Himmler das geistig-spirituelle Zentrum seines germanischen Ordens, der SS, ausbauen. Drunten im tiefen Gewölbe war die zentrale Gedenkstelle vorgesehen. Gerade so wie hier. Was bedeutet uns diese Ästhetik des ehrenden Gedenkens? Bietet nicht gerade sie auch Anschlussmöglichkeiten für alle Formen eines kruden, mythologisierenden Denkens, jenen vermeintlich harmlosen Gründen, in denen auch rechtsextremes Gedankengut wurzelt? Vorstellbar jedenfalls ist die ernsthaft-weihevolle Kranzniederlegung für die „Kameraden", in deren Anschluss man die Gruft durch den anderen Gang verlässt und in die „Historische Halle" marschiert, auf das „Blaue Fenster" zu. Das Fenster zeigt Szenen aus dem Alltag der Marine und 1936 bei der Einweihung der Halle krönte das Fenster ein Hakenkreuz. 2010 wurde dieses – zu Recht unter Denkmalschutz stehende – Fenster neu gestaltet. Das Hakenkreuz verdecken zwei Schiffsschornsteine, aber dahinter sind – zum Wohlgefallen der wissend anmarschierenden Kameraden – die verblassten Konturen des Hakenkreuzes noch erkennbar.

Nach derartigen Eindrücken empfiehlt der Führer, bevor er sich formvollendet verabschiedet, auf der oberen Plattform des Turmes, die „schöne Aussicht" auf die Kieler Bucht zu genießen und sich vom kräftigen Wind dort droben den Kopf „frei blasen" zu lassen. Nun denn, der Aufzug im betongegossenem Hohlraum des Turmes zeigt die zurückgelegten Höhenmeter an.

Das Marineehrenmal in Laboe trägt zu viele Lasten: es ist ein denkmalschutzwürdiger Gebäudekomplex, aber kein Museum. Es ist ein Friedensdenkmal, zugleich aber auch eine aktive Gedenkstätte des Krieges, in dem das vermeintlich heldenhafte Epos der Marine überall präsent ist. Es will allen möglichen Gedenkanlässen gerecht werden, kann aber als historischer Ort seine Vergangenheit als revanchistische Heldengedenkstätte nicht hinter sich lassen. Alle diese unterschiedlichen und teilweise sich widersprechenden Anliegen vereint das Pathos der Rituale, mit denen die Marine 'ihr' Gedenken zelebriert. Im Zweifel obsiegt das Ritual. Die Kriegsschiffe, die passieren, erweisen ihre Ehrerbietung: die Schiffsbesatzungen stellen sich in Grundstellung auf – sie „machen Front" zur Ehre des Friedensdenkmals.

Eine Zeittafel

im 11. Jahrhundert	Das „Rolandslied", die Geschichte des tapferen Gefährten des Großen Karls, entsteht
um 1120	Der Siegburger Abt Cuno gründet das Kloster in Nonnenwerth; 1802 wird es aufgelöst
12. Jahrhundert	Der Kölner Erzbischof errichtet die Burg Rolandseck
1360	Die Arbeiten am Wetzlarer Dom werden erstmals eingestellt. Trotz mehrmaliger Wiederaufnahmen der Bauarbeiten bleibt der Dom bis heute ein Torso.
1495	Das Reichskammergericht wird in Frankfurt eröffnet. 1527 nimmt es Sitz in Speyer
1676	Ein Erdbeben am Rhein zerstört die Burg Rolandseck. Übrig bleibt einzig der berühmte „Rolandsbogen"
1693	Das Reichskammergericht zieht provisorisch nach Wetzlar
1727	Wetzlar wird offizieller Sitz des Reichskammergerichts
1772	Als Praktikant am Reichskammergericht kommt Goethe nach Wetzlar. Im Sommer gibt es die Liebelei mit Lotte - im Oktober erschießt sich Carl Wilhelm Jerusalem im

heutigen „Jerusalemhaus"

1774	Goethes „Die Leiden des jungen Werthers" erscheint
1810	Arnold Karl Cornelius Groyen eröffnet den „Gasthof zum Rolandseck", das spätere Hotel Groyen sein
1816	„Lotte in Weimar" - Charlotte Kestners Reise nach Weimar beschreibt Thomas Mann in seinem Roman, der 1939 erscheint
1832	James Fenimore Cooper nimmt Quartier auf Nonnenwerth
1839	Nach einem Unwetter stürzt der Rolandsbogen ein. Im gleichen Jahr wird der Bahnhof Belevedere errichtet – das älteste erhaltene Bahnhofsgebäude in Deutschland
1840	Eine Spendenaktion, die der Dichter Ferdinand von Freiligrath initiierte, ermöglicht die Wiederherstellung des „Rolandsbogen"
1855	Die Bahnstrecke Bonn – Rolandseck wird eröffnet. Ein Jahr zuvor hatte die Cöln-Bonner-Eisenbahn die königlich-preußische Erlaubnis zur Verlängerung der Strecke Köln – Bonn bis hierher erhalten
1858	Der Bahnhof Rolandseck wird errichtet (Architekt Emil Hermann Hartwich)

1863	Wetzlarer Bürger richten im späteren „Lottehaus" ein erstes Museum ein
1869	Ernst Leitz I gründet die Leitz-Werke
1892	George Bernard Shaws Stück „Die Häuser des Herrn Sartorius" mit Szenen in Remagen erscheint
1903-1910	Domrenovierung in Wetzlar
1907	Der Deutsche Werkbund wird gegründet. 1914 findet in Köln die große Werkbundausstellung statt.
1914	Einweihung des Freiligrath-Denkmals in Rolandseck
1924	Die erste Leica wird gefertigt
1936	Das seit 1927 von Gustav August Munzer errichtete Marine-Ehrenmal in Laboe wird eingeweiht
1938	Nach der Pogromnacht am 9. November („Reichskristallnacht") organisiert Leitz den „Leica-Freedom-Train"
1954	Der Deutsche Marinebund übernimmt das Ehrenmal in Laboe: „Dem Gedenken aller toten deutschen Seefahrer beider Weltkriege und unseren toten Gegnern"
1955	Die sowjetische Botschaft zieht in das ehemalige Groyen'sche Hotel in Rolandseck. Man bleibt hier bis 1975
1969	„Manifest von Rolandseck"

1996	Umgestaltung des Ehrenmals in Laboe: „Gedenkstätte für die auf See Gebliebenen aller Nationen – Mahnmal für eine friedliche Seefahrt auf freien Meeren"
2007	Richard Meyers weißes Museum in Rolandseck wird eröffnet
2011	Der „Rolandsbogen" wird renoviert
2014	Leica kehrt zurück nach Wetzlar

Nachweise/ Literaturhinweise

Aus dem Leben eines Zuckerbarons : Johann Jacob vom Rath und seine Bauwerke an der Riviera am Rhein (2005). In: *Fährblick* (4), S. 17–21.

Der westdeutsche Impuls 1900-1914. Kunst und Umweltgestaltung im Industriegebiet. Die Deutsche Werkbund-Ausstellung Cöln 1914 (1984). Köln.

Falin, Valentin M. (1983): Politische Erinnerungen. München.

Gallwitz, Klaus (Hg.) (2008): Arp Museum Bahnhof Rolandseck. Ein Museum und seine Geschichte. Remagen.

Geschichte - Arp Museum Bahnhof Rolandseck. Online verfügbar unter http://arpmuseum.org/museum/unser-haus/geschichte.html, zuletzt geprüft am 23.01.2016.

Gier, Ralf (2009): Rolandseck - Villa "Auf dem Rott". Notizen zur Entstehung eines herrschaftlichen Sommersitzes am Rhein. In: *Heimat-Jahrbuch* (66), S. 159–163.

Götz, Gisela (2011): Perlen der Rheinromantik herausgegeben von Oliver Kornhoff, Landes-Stiftung Arp-Museum Bahnhof Rolandseck, Remagen.

Hübner, Paul (1982): Der Rhein. Von den Quellen bis zu den Mündungen. Mit 18 Karten von August Wolf und 26 Abbildungen. München.

Huneker, James (1911): Franz Liszt. New York. Online verfügbar unter http://www.gutenberg.org/ebooks/39754?msg=welcome_stranger, zuletzt geprüft am 23.01.2016.

Fuchs, Hermann Josef (2006): Hotel Groyen in Rolandseck. Von der Nobelherberge für illustre Gäste zur russischen Botschaft. Online verfügbar unter http://www.kreis-ahrweiler.de/kvar/VT/hjb2003/hjb2003.22.htm, zuletzt aktualisiert am 22.03.2006, zuletzt geprüft am 23.01.2016.

Imbsweiler, Marcus (2011): Die Erstürmung des Himmels. Franz Liszt auf Nonnenwerth. Roman. Meßkirch.

Juwel in der Provinz. Vor 90 Jahren realisierte Bruno Paul in Oberhessen seine Vision vom deutschen Wohnglamour. Zum Glück blieb Haus Friedwart erhalten (2006). In: *AD. Architectural Digest* (Ausgabe Mai 2006).

Krause, Arnulf (2000): Wie der Ritter Roland nach Rolandseck kam. Online verfügbar unter http://www.kreis-ahrweiler.de/kvar/VT/hjb1999/hjb1999.12.htm, zuletzt aktualisiert am 20.11.2000, zuletzt geprüft am 23.01.2016.

Kreis Ahrweiler (Hg.) (2014): Nachrichtliches Verzeichnis der Kulturdenkmäler. Denkmalverzeichnis Kreis Ahrweiler, zuletzt geprüft am 23.01.2016.

Lerch, Harry (2012): Weltbahnhof der Musen. Online verfügbar unter http://www.kreis-ahrweiler.de/kvar/VT/hjb1976/hjb1976.3.htm, zuletzt aktualisiert am 22.11.2012, zuletzt geprüft am 23.01.2016.

Loosen, Judith (2007): Der Bahnhof Rolandseck. Das Empfangsgebäude. Bonn.

Mann, Thomas (1990): Lotte in Weimar. Roman. Gesammelte Werke in dreizehn Bänden, Band 2. Frankfurt.

Nietzsche, Friedrich; D'Iorio, Paolo: Nietzsche Source —

Digitale Kritische Gesamtausgabe Werke und Briefe (eKGWB), BA. Online verfügbar unter http://www.nietzschesource.org/#eKGWB/BA, zuletzt geprüft am 23.01.2016.

ONLINE, SPIEGEL; Hamburg; Germany: DIE NEUE GESELL-SCHAFT IST NOCH DIE ALTE - DER SPIEGEL 26/1969. Online verfügbar unter http://www.spiegel.de/spiegel/print/d-45702140.html, zuletzt geprüft am 23.01.2016.

Overgaard, Thorsten (2016): leica.overgaard.dk - Thorsten Overgaard's Leica Pages - The Leica History - Page 1. Online verfügbar unter http://www.overgaard.dk/leica_history.html, zuletzt aktualisiert am 13.01.2016, zuletzt geprüft am 23.01.2016.

Pauels, Wolfgang (2006): Lederstrumpf und Nonnenwerth. Online verfügbar unter http://www.kreis.aw-online.de/kvar/VT/hjb2003/hjb2003.27.htm, zuletzt aktualisiert am 22.03.2006, zuletzt geprüft am 23.01.2016.

Porezag, Karsten (2004): ... dann müssen Steine reden! Die Wetzlarer Synagoge, die Mikwe und die jüdischen Friedhöfe in neuerer Zeit. Schriften zur Stadtgeschichte - Sonderausgabe. Wetzlar.

Rössler, Kurt (2010): Rolandsbogen. Lyrische Landschaft des Rheins - Geschichte und Gedichte der Burg Rolandseck seit 1122, Bonn.

Safranski, Rüdiger (2013): Goethe. Kunstwerk des Lebens. Biografie. Frankfurt am Main, Zürich, Wien: Büchergilde Gutenberg.

Shaw, Bernard (1991): Die Häuser des Herrn Sartorius Komödie in drei Akten. Frau Warrens Beruf. Stück in vier Akten. Frankfurt.

ZEIT ONLINE GmbH; Hamburg; Germany (1998): Arp-Fälschungen: Schiefes Licht auf Rolandseck. Online verfügbar unter http://www.zeit.de/1998/02/Schiefes_Licht_auf_Rolandseck, zuletzt aktualisiert am 02.01.1998, zuletzt geprüft am 23.01.2016.

Zeno (2016): Ramann, Lina, Franz Liszt, Zweiter Band, Erste Abtheilung, Drittes Buch, 9. Nonnenwerth, 1. Online verfügbar unter http://www.zeno.org/Musik/M/Ramann,+Lina/Franz+Liszt/Zweiter+Band/Erste+Abtheilung/Drittes+Buch/9.+Nonnenwerth/1.#Fu%C3%9Fnote_5, zuletzt aktualisiert am 05.01.2016, zuletzt geprüft am 23.01.2016.

„Orte" - eine Reihe:

Bemerkenswertes
Überraschendes
Wissenswertes
Vergessenes
Erfundenes
Entdecktes
Kurioses

FSC
www.fsc.org
MIX
Papier aus ver-
antwortungsvollen
Quellen
Paper from
responsible sources
FSC® C105338